TRANSPARENT

Band 16

V&R

Regula Bott, Diplom-Psychologin, arbeitet als wissenschaftliche Ange-
stellte bei der Gemeinsamen Zentralen Adoptionsstelle in Hamburg mit
Adoptierten, adoptionsbereiten Paaren und mit Müttern, die Kinder zur
Adoption freigegeben haben.

Regula Bott (Hg.)

Adoptierte
suchen ihre Herkunft

Vandenhoeck & Ruprecht
Göttingen · Zürich

Die Deutsche Bibliothek – CIP-Einheitsaufnahme

Adoptierte suchen ihre Herkunft / Regula Bott (Hg). –
Göttingen; Zürich : Vandenhoeck und Ruprecht, 1995
(Transparent ; Bd. 16)
ISBN 3-525-01714-6
NE: Schmidt-Bott, Regula [Hrsg.] ; GT

Umschlaggestaltung: Rudolf Stöbener

Umschlagabbildung:
Hans Gottfried von Stockhausen,
Landschaft und Lebensbaum, 1985,
(Ausschnitt)

Dieser Band ist hervorgegangen aus der Broschüre »Adoptierte auf
der Suche nach ihrer Herkunft«, herausgegeben von der
Gemeinsamen Zentralen Adoptionsstelle (GZA), Hamburg 1993.

Printed in Germany
Schrift: Palatino
Satz: Text & Form, Pohle
Druck und Bindung: Hubert & Co., Göttingen
Gedruckt auf chlor- und säurefreiem Papier

Inhalt

Vorwort

In diesem Buch kommen zunächst und überwiegend Adoptierte zu Wort, um ihre Bedürfnisse, Erfahrungen und Forderungen authentisch darzustellen. Das kann und soll anderen Adoptierten Mut machen. Sie werden sich in vielem wiederfinden, sich bestätigt und ermutigt fühlen, ihre Adoption für sich selbst und in Gesprächen mit anderen zum Thema zu machen, die Suche nach der Herkunftsfamilie aufzunehmen oder fortzusetzen.

Das kann und soll aber auch alle anderen an der Adoption beteiligten Personen ermutigen, sich zu öffnen. Die weiteren Beiträge zeigen,

- daß die Bedürfnisse, Ängste, ambivalenten Gefühle der »Rabenmütter« (diesen Begriff haben wir von der ehemaligen Selbsthilfegruppe abgebender Mütter in Bremen übernommen) denen der Adoptierten sehr ähnlich sind und ihre Entsprechung in den oft lebenslangen Verlustgefühlen finden;
- daß aufgeklärte und einfühlsame Adoptiveltern die doppelte Elternschaft ihrer Adoptivkinder sehr bewußt leben und für alle Beteiligten befriedigender gestalten können, als es bisher üblich ist;
- daß Adoptionsvermittler bei der Identitätssuche von Adoptierten wichtige Ermutigung und Hilfestellung geben sowie die neuen Erkenntnisse und Erfahrungen in die heutige Vermittlungspraxis einbringen können.

Alle an diesem Buch beteiligten Frauen wollen mit dieser Textzusammenstellung einen Beitrag leisten zu einer breiter werdenden öffentlichen Diskussion und Aufklärung über das Thema Adoption. Es war keine Absicht, ist aber sicher auch kein Zufall, daß sich ausschließlich Frauen äußern, wie so oft, wenn es um persönlich bewegende Gefühle geht.

Adoptionsvermittlungsstellen sind seit Jahren mit zunehmenden Anfragen von Adoptierten mit dem Wunsch, etwas über ihre Herkunftsfamilie zu erfahren, befaßt. In ähnlicher Weise gilt das für Nachforschungen von leiblichen Müttern oder Eltern.

Obwohl die Inkognito-Adoption seit gut zehn Jahren kritisch hinterfragt wird – vor allem auf Druck der Adoptierten und der leiblichen Mütter –, tun sich viele andere daran beteiligte Personen nach wie vor schwer, das Anliegen von Adoptierten zu akzeptieren, sich darauf einzulassen und konkrete Hilfestellung bei solchen Auskunftsersuchen und Wünschen nach Kontaktaufnahme zu geben.

Und scheinbar gibt es gute Gründe für die Zurückhaltung: mit dem seit 1977 geltenden Adoptionsrecht wurde die Inkognito-Adoption als Regelfall eingeführt. Und die Adoptionspraxis in der Bundesrepublik ist auch heute noch überwiegend daran orientiert, die Anonymität aller Beteiligten zu wahren, um die Adoptivfamilie vor (vermeintlichen) Störungen durch die Herkunftsfamilie zu schützen und um ein von der Adoptionsvorgeschichte unbelastetes »normales« Familienleben zu ermöglichen.

Nach Jahren des Schweigens haben alle Beteiligten Ängste, Zweifel und Skrupel, ob sie »alles wieder aufrühren« dürfen, sind besorgt darüber, was sie möglicherweise anrichten und nicht auffangen können.

Manche Vermittlerinnen und Vermittler, vor allem aber auch Adoptiveltern, fühlen sich bei solchen Anfragen bedroht und um bisherige Sicherheit betrogen, auf die sie sich, gesetzlich mit der Volladoption geregelt, meinten lebenslang verlassen zu können.

Nach der inkognito durchgeführten Voll-Adoption gelten Adoptierte rechtlich als nicht mehr verwandt mit ihrer Ursprungsfamilie, sie werden dieser gegenüber zu Fremden. Mit der Ausstellung einer neuen Geburtsurkunde werden sie als leibliche eheliche Kinder der Adoptiveltern ausgewiesen. Die zweite Geburtsurkunde besiegelt amtlicherseits eine neue Identität, einschließlich einer Vornamensänderung auf Wunsch der Adoptiveltern, zuletzt 1992 noch einmal erleichtert gegenüber dem bis dahin geltenden Recht mit der Begründung, dem Wunsch künftiger Adoptiveltern solle Rechnung getragen werden, »mit dem geänderten Namen des Kindes dessen Vorzeit auszulöschen, um symbolisch einen gemeinsamen Anfang zu setzen«.

Staatlicherseits vorgesehen und anerkannt ist die Ausstellung einer neuen Identität ansonsten nur im Bereich der Spionage, für Agenten und Kronzeugen. Entsprechend stellt sich für viele Adoptierte die Suche nach der Herkunftsfamilie als ein mühseliges Spionieren und kriminalisiertes Auskundschaften dar, bei dem geradezu detektivische Fähigkeiten entwickelt werden (müssen). Die Aufdeckung der Adoption kann nach § 1758 BGB nur mit »Zustimmung des Annehmenden und des Kindes« erfolgen. Somit bleiben Adoptierte ewig Kinder, fühlen sich und werden so behandelt: entmündigt ein Leben lang, fremdbestimmt, bevormundet, abhängig gehalten. Erwachsene Adoptierte, die keine Einverständniserklärung der Adoptiveltern vorlegen können oder wollen, erleben immer wieder, daß Adoptionsvermittlungsstellen ihnen jegliche Hilfestellung oder Informationsvermittlung vorenthalten. Das geschieht selbst dann, wenn der Vermittlungsstelle der Wunsch nach Informationen und Kontakten von seiten der Herkunftsmutter oder -familie bekannt ist.

Die lebenslange Entmündigung gilt in gleicher Weise für die Herkunftsmütter, da sie bei Wünschen nach Informationsaustausch oder Kontaktaufnahme ebenso auf die Zustimmung der Adoptierten und der Adoptiveltern angewiesen sind, wobei es überwiegend die Adoptiveltern sind, die sich dem Anliegen verweigern oder gezielt eine Zustimmung der Adoptierten zu boykottieren wissen.

Es kommt immer noch vor, daß Anfragen von Herkunftsmüttern nicht an die erwachsenen Adoptierten weitergeleitet werden, weil Jugendämter meinen, leibliche Mütter hätten »für alle Zeiten den Anspruch verwirkt, daß die Behörden ihnen bei der Kontaktaufnahme helfen, selbst wenn das Kind inzwischen volljährig ist« (Frankfurter Rundschau, 31.01.1994).

Bei der Schilderung ihrer Gefühle fällt eine Parallelität zwischen Adoptierten und Herkunftsmüttern auf: Verlust, Trauer, Schmerz, Verzweiflung, Ohnmacht und auch Wut sind übereinstimmende und sich wiederholende Begriffe. Ohne eine Gleichsetzung vornehmen zu wollen, scheint sich darin die gemeinsame Grunderfahrung der Entmündigung und Fremdbestimmung auszudrücken. Auf der anderen Seite stehen in vergleichbarer Nähe zueinander die Adoptionsvermittlerinnen und Adoptiveltern auf der »Sonnenseite« der gesellschaftlichen Anerkennung und Macht.

Adoptionsvermittlerinnen und -vermittler, die vielfach auch heute noch den Vorstellungen der Inkognito-Adoption verhaftet sind, räumen dem Schutz der Adoptivfamilie beziehungsweise der Adoptiveltern absoluten Vorrang ein. Eine Ursache dafür ist die verinnerlichte Norm von der »heilen Familie«, mit der sie sich identifizieren und an deren Herstellung sie qua Amt und als Person so engagiert und überzeugt beteiligt waren. Die Aufspaltung von Bösem (Herkunftsfamilie) und Gutem (Adoptivfamilie) führt zur einseitigen Parteinahme und Verdrängung all dessen, was die eigenen (Adoptiv-)Familien-Ideale stören könnte. Die mangelnde Sensibilität für die Bedürfnisse der Adoptierten und deren Herkunftsfamilien wird zusätzlich begünstigt durch ein vorrangiges Eigeninteresse nach Absicherung innerhalb der Verwaltung. Die auch bei bestehender Rechtslage vorhandenen Spielräume werden nicht offensiv genutzt, sondern restriktiv ausgelegt, die Hürde für die Betroffenen eher nochmal höher gelegt. So führte ein gewisses, langsam zunehmendes Unbehagen an dem absoluten Schutz der Adoptiveltern Ende 1993 zu dem ernstgemeinten Vorschlag von durchaus gutwilligen Vermittlern, »einen Ausnahmetatbestand, wenn besondere persönliche Gründe vorliegen«, einzuführen, der ihnen Auskunftserteilung an erwachsene Adoptierte ohne Zustimmung der Adoptiveltern ermöglichen würde.

Die Folge in der Praxis wäre, daß Adoptierte zusätzliche Begründungen bringen, sich für psychisch oder psychiatrisch erkrankt erklären, Atteste vorlegen oder anderes sich einfallen lassen müßten, mit dem Risiko, von Behörden einmal mehr als »psychisch nicht belastbar« eingeschätzt und abgewiesen zu werden.

Einige Adoptierte kommen aufgrund derartiger Erfahrungen mit Behörden zu dem Rat, die Suche möglichst ohne Vermittlungsstellen durchzuführen, sich den dort zu erwartenden neuerlichen Verletzungen tunlichst nicht auszusetzen. Und es ist verblüffend – und beruhigend zugleich –, daß und wie Adoptierte auch ohne Jugendamtshilfe erfolgreich bei ihrer Suche sein können.

Bei den Identitätsproblemen von Adoptierten und ihrer Suche nach der Herkunftsfamilie fällt auf, daß es hierbei nicht so sehr um die biologische Blutsverwandtschaft, sondern vorrangig um die Aneignung der eigenen Geschichte als sozialen Geschehens geht, bei dem über sie verfügt worden ist ohne eigene Teilhabe. Es ist der Versuch der Rekonstruktion nicht gelebter Familiengeschichte, die zusätzlich befrachtet ist mit und verfälscht durch Tabus, (Teil-)Lügen, Ablehnung, Diskriminierung. Die Tabus und Lügen, Verleugnung und Verdrängung entstehen aus dem Bedürfnis der in der Regel ungewollt kinderlosen Adoptiveltern, nach außen und innen eine »normale« Familie darstellen zu wollen. Ablehnung und Diskriminierung resultieren aus der Tatsache, daß Adoptierte überwiegend aus sozial benachteiligten Familien – der Anteil alleinstehender Frauen bei den abgebenden Müttern ist überproportional hoch – in die sehr viel besser situierten Adoptivfamilien vermittelt werden. Die Kritik an der »Umverteilung der Bevölkerung im Kleinformat« bebildert das zutreffend (vgl. dazu auch Swientek, Die »Abgebende Mutter«). Das Status-Denken der Adoptiveltern, gepaart mit der Abwehr gegenüber der »schlechten« Herkunftsfamilie, prägt mehr oder weniger bewußt die Einstellung zum Adoptivkind. Ängstliche oder drohende Äußerungen, eine subtile atmosphärische Vermittlung, daß die Adoptierten »nicht besser sind« oder »nicht mehr erreichen werden« als die leiblichen Mütter oder Eltern, scheinen eher die Regel als die Ausnahme zu sein.

Der Aneignung der eigenen Geschichte der Adoptierten steht der Verlust der simulierten Normalfamilie auf der Seite der Adoptiveltern gegenüber. Der Preis für die Simulation (Trennung, Trauer, Schmerz auf seiten der Herkunftsmütter und der Adoptierten) fällt jetzt auf sie zurück; und das um so mehr, je stärker die jahrelange Abwehr zuvor war. Die zum Teil massiven Loyalitätskonflikte (erwachsener) Adoptierter scheinen das sehr direkt widerzuspiegeln. Oft ist allein ihnen aufgebürdet, die künstliche Trennung von biologischer und sozialer Elternschaft zu entschlüsseln, Transparenz herzustellen, Empfindlichkeiten zu berücksichtigen, Schuldgefühle aufzufangen und dabei die eigene Ambivalenz auch noch zu bewältigen.

Adoptierte sind die einzige Gruppe von Menschen, denen staatlicherseits das Recht auf Kenntnis der eigenen Abstammung vorenthalten beziehungsweise nur eingeschränkt zugestanden wird. Ihre Forderung, als Subjekte wahr- und ernstgenommen zu werden, bedeutet, sich aus der lebenslangen fürsorglichen Umklammerung und Bevormundung durch Adoptiveltern und Adoptionsvermittlerinnen und -vermittler zu befreien, nicht länger Objekte von deren Interessen, Sicht- und Handlungsweisen zu sein.

Bei allem Verständnis für die Situation von Adoptiveltern und Adoptionsvermittlerinnen, die mit der Inkognito-Adoption nach ihrem Verständnis überzeugt das Beste für das Kind tun wollen, richtet sich die Forderung von Adoptierten und Herkunftsmüttern nach einer grundlegenden Änderung der Adoptionspraxis zwangsläufig gegen das bisherige Selbstverständnis und praktische Tun. Dabei kann und soll es nicht um individuelle Verurteilung und Schuldzuweisung gehen, sondern wichtig ist es, im gesellschaftlichen Kontext den historischen Wandel wahrzunehmen und daraus Konsequenzen zu ziehen.

Alle Erfahrung zeigt immer wieder, daß ein selbstkritisches Hinterfragen der eigenen Anschauungen und beruflichen und persönlichen Praxis schmerzhaft sein kann, weil Abschied genommen werden muß von Vertrautem.

Das kann einhergehen mit der Aufgabe von Privilegien, was bei der Adoption vor allem die Adoptiveltern betrifft. Der Status der »Normalfamilie« muß bei der Lockerung oder Aufhebung des Inkognitos aufgegeben werden: »Räumt man bei der Interessenabwägung dem Prinzip des Kindeswohls den Vorrang ein, kommt man zu dem Ergebnis, daß eher Adoptiveltern der Verzicht auf die Simulation der biologischen Familie zumutbar ist, als daß das Adoptivkind den Preis dafür zahlen soll, daß die Adoptiveltern am Schein familialer Normalität festhalten« (Hoffmann-Riem, Das adoptierte Kind).

Erste Ansätze hin zu Adoptionen, bei denen Herkunfts- und Adoptiveltern sich – unter Beibehaltung des Inkognitos – einmal treffen und eventuell verabreden, über die Vermittlungsstelle Briefe und Fotos auszutauschen, (sogenannten »halboffenen« oder »geöffneten« Adoptionen), sind, bei aller Bemühtheit der beteiligten Erwachsenen, mit Skepsis zu betrachten, weil das Inkognito nicht angetastet und an einem zentralen Motiv der Adoptiveltern, den Besitzstand Kind zu sichern, nicht gerührt wird. Dementsprechend kommt auch die »offene Adoption« mit vollständiger Aufhebung des Inkognitos in der Praxis kaum vor.

In einer Zeit, in der die Inkognito-Adoption bereits kritisch hinterfragt wurde, wurde mit dem »Gesetz zur Änderung adoptionsrechtlicher Vorschriften« von 1992 sogar die Vornamensänderung des Kindes auf Wunsch der Adoptiveltern nochmals erleichtert. Nach § 1757 (2) 1 BGB sind jetzt nicht mehr »schwerwiegende Gründe« für die Vornamensänderung erforderlich, sondern es reicht die Einschätzung, daß sie dem »Wohl des Kindes entspricht«.

Bei dieser Gesetzesänderung handelte es sich zunächst schlicht um den rechtlichen Nachvollzug einer längst durchgesetzten Praxis. Gleichzeitig ist aber der Verdacht naheliegend, daß im Sinne der »Besitzstandswahrung« der Entwicklung hin zur Lockerung des Inkognitos ein gewisser Riegel vorgeschoben werden sollte. Dazu paßt, daß die in dem gleichen BGB-Paragraphen vorgesehene Möglichkeit, dem »neuen Familiennamen den bisherigen Familiennamen« hinzuzufügen (seit 1992: voranzustellen oder anzufügen), »wenn dies aus schwerwiegenden Gründen zum Wohl des Kindes erforderlich ist«, so gut wie nie genutzt wird.

Auch von Fachleuten werden zum Teil noch anachronistisch anmutende Debatten über die nicht zu frühe Aufklärung des Adoptivkindes (z. B. Wieder in Harms/Strehlow, Das Traumkind in der Realität) geführt sowie vor der zu frühen Kontaktaufnahme mit der Herkunftsfamilie (Swientek, Wer sagt mir, wessen Kind ich bin?) gewarnt.

Die Vertröstungen an Adoptierte auf einen späteren, nicht näher bestimmten Zeitpunkt der Aufklärung und die Empfehlung, Kontaktaufnahmen erst nach der Pubertät zuzulassen, erwecken den Eindruck, daß die früher verbreiteten Vorurteile über die »Rücksichtslosigkeit« und »Unzuverlässigkeit« von Herkunftsmüttern heute ersetzt werden durch scheinbar so einfühlsame Warnungen vor der Überforderung von Adoptivkindern und jugendlichen Adoptierten in der Pubertät. Tatsächlich scheinen sich die Erwachsenen überfordert zu fühlen und wollen sich selbst vor der Auseinandersetzung mit der Realität schützen.

Der Vergleich zum heutigen Umgang mit Nichtehelichkeit, Scheidungs- und Stieffamilien ist naheliegend und verdeutlicht einmal mehr, wie überholt die Geheimniskrämerei, das Hinauszögern von Aufklärung, Information und Kontaktaufnahmen bei Adoptivfamilien sein sollten.

Nach gut fünfzehnjähriger Erfahrung mit der Inkognito-Adoption und einer fast ebenso lange währenden kritischen Diskussion über die psychischen Folgen für viele der Betroffenen ist eine grundsätzliche Änderung der Einstellung und der Adoptionspraxis – einschließlich der gesetzlichen Grundlagen – geboten.

Mit diesem Buch ist der Wunsch verknüpft, in diesem Sinne etwas zu bewegen und voranzutreiben.

Regula Bott

Lucia Zekorn

Angenommen-Sein

Der Zweifel um das Angenommen-Sein ist für Adoptierte ein zentrales Gefühl – anfänglich unbewußt und versteckt, langsam immer klarer und deutlicher. Letztendlich laufen viele Fäden von scheinbar ganz anderem Ursprung wieder zu diesem Ausgangspunkt zurück.

Jede und jeder Adoptierte blickt auf die traurige Grunderfahrung des Wegegeben-Seins und Nicht-Angenommen-Seins zurück. Nach dieser durchlittenen tiefen Verletzung ist die Beziehungswelt der Adoptierten äußerst fragil und kann jederzeit schon durch einen Windhauch wie ein Kartenhaus zusammenstürzen. Der erfahrene Tod der Beziehung zu den leiblichen Eltern, insbesondere zu der Mutter, macht aus Adoptivkindern Überlebende einer Katastrophe: genügend wert, um zu (über)leben, doch nicht ausreichend wertgeschätzt, um angenommen zu werden, in den Stand einer »persona non grata« hineingeboren, vogelfrei und ohne liebevoll schützende Hände der Eltern; statt dessen spürt es die wohlwollenden Hände des Staates und der Kirchen.

Adoptiveltern stehen von Anfang an vor der besonderen Aufgabe, das abgelehnte Kind in seinem Schmerz des Verlustes und der Entwürdigung, die es erfahren hat, aufzufangen. Es ist kein Baby, kein Kind ohne Vergangenheit, kein Mensch ohne Geschichte. Diese kann vertuscht, verdeckt und umgeschrieben werden, doch die wahre Geschichte im Inneren des Kindes bleibt davon unberührt, und somit auch die traumatische Erfahrung der Ablehnung.

Wollen Adoptiveltern mit der Geschichte und der Verletzung des Babies oder Kindes nichts zu tun haben – aus welchen Gründen auch immer –, ist der Neuanfang in der Adoptivfamilie auf dem gefährlichen Boden der indirekten und unbewußten Ablehnung gebaut. Wird eine Auseinandersetzung mit der Vergangenheit und dem Schmerz des Babies, des Kindes gefürchtet und gemieden, dann wird auch das Kind gemieden und gefürchtet und in seiner traurigen und schmerzvollen Welt alleingelassen. So erfährt das Kind eine erneute Ablehnung, diesmal durch »Übersehen« oder »Auslöschen« einer Realität, die doch unzertrennlich mit ihm verbunden ist. Adoptivkinder bleiben mit ihrem schrecklichen Geheimnis einsam und ohne Trost.

Nur zu gern wird die Tatsache, daß Adoptivkinder ihre Vergangenheit selbst nicht ansprechen, als Zeichen dafür gewertet, daß es »da nichts gibt«. Aber welches Kind steigt schon gern allein in den dunklen Keller der verdrängten Gefühle und Schmerzen hinab, wenn es außerdem gleichzeitig noch die unbewußten angstvollen Signale der Adoptiveltern empfängt, nicht an der Vergangenheit zu rühren? Leider ist gerade dies meistens der Fall, weil oft die nicht verarbeitete ungewollte Kinderlosigkeit der Adoptiveltern ein unbewußtes Motiv für die mangelnde und ungenügende Auseinandersetzung mit der Vergangenheit des Adoptivkindes darstellt. Das Adoptivkind muß seinen eigenen ungeheuren Schmerz verarbeiten und ist damit allein überfordert. Hinzu kommt die Angst, die Adoptiveltern möglicherweise auch noch zu verlieren. Diese Verlustängste entstehen unter anderem durch Vermeiden des »Themas« seitens der Adoptiveltern – so erlebt das Kind eine unheimliche Stille, verbunden mit dem unausgesprochenen Gebot »nur wir sind deine wahren Eltern« und sonstigen nonverbalen Botschaften, die die leiblichen Eltern als »Konkurrenz« erscheinen lassen. Aber auch konkrete Reaktionen wie das plötzliche Weinen der Adoptivmutter bei Fragen nach den leiblichen Eltern bis hin zu der Drohung, das Kind wieder ins Heim zurück- oder in ein Internat zu bringen, lassen Adoptivkinder schweigen. Wenn also ein Adoptivkind nicht über die Vergangenheit spricht, dann nicht, weil es keine Probleme damit hat. Das gilt für alle, unabhängig davon, wie alt sie bei ihrer Adoption waren, alle haben ihre leidvolle Geschichte. Mitleid hilft nicht, sondern nur Mitgefühl. Letzteres setzt aber die Anerkennung der Realität voraus.

In vielen Geschichten von Edgar Allan Poe finden sich Phantasien über Menschen, die lebendig begraben wurden. Wenn man dann erfährt, daß er ein Adoptivkind war, gewinnen seine Erzählungen eine zusätzliche Dimension. Wenn die Herkunftsgeschichte und der Schmerz über den erlittenen Verlust begraben sind und unter dem Schleier der Angst und des Verdrängens liegen, dann wird damit gewissermaßen ein Teil des Adoptivkindes beerdigt. Der Verlust der Herkunftsgeschichte bedeutet auch die Versagung des Zugehörigkeitsgefühls zum Mensch-Sein im Sinne einer Kontinuität der Geschlechter, die Adoptiveltern gerade nicht vermitteln können.

Ein Adoptivkind empfindet die Weggabe durch die leibliche Mutter, die leiblichen Eltern in gewisser Weise immer als einen Mangel an der eigenen Person, meint also, daß mit ihm »etwas nicht stimme« und es somit selbst verantwortlich für und »schuldig« an der Abgabe zur Adoption sei. Zwar wird damit die erniedrigende Hilflosigkeit in eine scheinbare Macht über die Situation umgewandelt (»immerhin war es ja mein Fehler«), aber doch auf Kosten des Erlebens des eigenen Wertes.

Durch das Schweigen und die Tabuisierung der präadoptiven Geschichte (und oft auch der Adoption selbst) wird diese Vorstellung dem Kind nicht nur belassen, sondern noch verstärkt. Dann gibt es kein Gegengewicht zu den destruktiven Eigenvorstellungen und keinen Halt, das Unerträgliche zu überwinden. Und schließlich bedeutet die Stille um die Herkunft(sgeschichte) eine unweigerliche Selbstverleugnung und -verleumdung, die dem Adoptivkind abverlangt wird. Daß das dem vielzitierten »Kindeswohl« abträglich ist, steht außer Zweifel.

Wenn ein Adoptivkind in seiner äußersten Hilflosigkeit von Adoptiveltern aufgenommen wird, dann bedarf es neben der liebevollen Zuwendung und körperlichen Versorgung vor allem der *Annahme*. Dazu gehört, daß es als das, was es ist, auch wahrgenommen wird: als ein Kind mit Herkunft und leiblichen Eltern. Ein Ersatz für diese Eltern ist nicht möglich, genauso wenig, wie irgend ein Mensch durch einen anderen »ersetzt« werden kann. Das Kind wird für die Adoptiveltern nie zur eigenen leiblichen Tochter, nie zum leiblichen Sohn. Nur in Anerkennung dieser Realität kommt es zur Würdigung des Kindes einerseits und der Adoptiveltern andererseits. Die Adoptivfamilie kann nie eine Familie im herkömmlichen Sinne sein, sondern stellt immer eine »andere« Form der Familie dar. Annehmen heißt, das Gegenüber wahrzunehmen und es nicht zur Projektionsfläche eigener Illusionen zu machen. Dazu gehört es, den Schmerz und das durchlittene Drama des Adoptivkindes als zu ihm gehörig zu begreifen und Trost zu spenden, nicht aber von dem Adoptivkind zu verlangen, sich so weit selbst zu verleugnen, daß es seine Adoptiveltern – für diese tröstlich – als die »einzig richtigen Eltern« sehen soll. Annehmen heißt auch, dem Adoptivkind den Raum für Trauer über den Verlust seiner leiblichen Eltern zuzubilligen und dies nicht als Angriff auf die Adoptiveltern zu werten. In letzter Konsequenz heißt Annehmen auch, die mögliche Suche nach den leiblichen Eltern als ein grundlegendes Bedürfnis und legitimes Anliegen zu begreifen. Wirkliche Beziehungen zwischen Adoptiveltern und -kindern können dadurch nicht zerstört werden.

Barbara J.

»Eine kleine Rückmeldung«

Jugendamt   30. November 1993
An die Leiterin der
Adoptionsvermittlungsstelle

Sehr geehrte Frau ......,

ich möchte Ihnen heute einmal schreiben. Dies soll eine kleine Rückmeldung sein. Ich selbst bin ein adoptiertes Kind, es liegt zwar schon lange zurück, aber ich denke, eine Adoption hat auch nach langer Zeit nichts verloren an Problematik sowohl von seiten der abgebenden Mutter als auch von seiten des Kindes.

Ich wurde 1945 geboren, kam noch im selben Jahr zu Pflegeeltern und wurde von diesen 1949 adoptiert. Als ich 14 war, klärte meine Adoptivmutter mich auf über die Adoption. Ich wußte es aber schon sehr viel früher über eine Tante. Seit diesem Zeitpunkt hat mich der Gedanke an die leibliche Mutter nicht mehr losgelassen.

Überhaupt war das Thema »Adoption« zu Hause kein Thema. Meine Adoptivmutter erzählte mir später, sie hätte überall erzählt, ich sei ihr eigenes Kind.

Ich kann heute sagen, daß diese Adoption für mich kein Glücksfall war. Ich befinde mich nach langen Irrwegen in einer Psychotherapie, ausgelöst durch das hartnäckige Schweigen und Vertuschen meiner Adoptivmutter hinsichtlich meiner Herkunft. Seitenweise könnte ich schreiben über die Beziehung zu meinen Adoptiveltern, vornehmlich zur Adoptivmutter, für die ich eigentlich ein Ersatz war für ihren 1944 verstorbenen Sohn; für die ich herhalten mußte und sollte auch als Ersatz für ihre immer schlechter werdende Ehe.

Sehr getroffen hat mich ihr Satz »da zieht man so etwas wie Dich groß«, wenn es mal nicht so lief, wie sie es sich vorstellte.

Man muß doch sehr gut »hingucken«, an wen man die Kinder gibt, sicherlich keine leichte Aufgabe.

Die Adoptiveltern leben nicht mehr, ich selbst bin geschieden und habe eine Tochter.

1976 habe ich endlich gründlich nachgeforscht nach meiner leiblichen Mutter und dabei erfahren, daß diese sich schon 1967 mit 46 Jahren in England das Leben nahm. Ich war damals 21 Jahre alt. Über meinen Vater weiß ich gar nichts. Auch mein Zwillingsbruder starb schon mit 8 Wochen.

Meine Geschichte ist mir zur Lebensaufgabe geworden. Was ich hiermit sagen möchte, ist, daß es ein unendlich wichtiger Punkt ist, einem Adoptivkind seine Identität nicht verschweigen zu wollen, man muß es suchen lassen, wenn es denn möchte. Die Adoptiveltern dürfen dem Kind nicht ihre Identität aufdrängen. Das kann ich aus meiner Erfahrung sagen.

Wie gerne hätte ich mich schon früh mit ebenfalls adoptierten Mädchen austauschen wollen. Niemals habe ich jemanden getroffen in ähnlicher Situation.

Ich kann mir nicht vorstellen, daß alle Adoptionen von damals glücklich verlaufen sind.

Mit freundlichem Gruß

Barbara J.

Sehr geehrte Frau E., 1. Februar 1994

vielen Dank für Ihr Schreiben vom 14.12.1993.

Das Buch »Zweimal geboren« war gut zu lesen.

Im Moment lese ich »Ich habe mein Kind fortgegeben« von Christine Swientek. Sie schreibt ja sehr kritisch.

Ja, es liegt vieles im argen bei den Themen »alleinerziehend«, Adoption, »Abtreibung-Adoption (Kirchen)«. Ich bin ja auch eine Alleinerziehende und habe oft zu spüren bekommen, daß man einen geringen Stellenwert hat.

Ich war jetzt zweimal in der Gruppe adoptierter Erwachsener. Man sollte meinen, es gäbe doch unter den Adoptierten noch mehr Menschen, bei denen die Adoption nicht glücklich verlaufen ist.

Ich werde im Grunde genommen nicht mit dem Selbstmord (1967) meiner leiblich Mutter fertig. Ich weiß ja noch nicht einmal, ob es wirklich Selbstmord war, es kann ein Unfall oder auch Mord gewesen sein. Ich weiß es nur vom Hörensagen. Unterlagen habe ich niemals gesehen. Ich weiß nicht einmal ihr Grab in England.

Ich war nicht darauf gefaßt, so schlechte Nachrichten zu erhalten, und auch nicht, auf einen solchen Widerstand bei der Schwester meiner leiblichen Mutter zu stoßen, die mir bis heute jegliche Auskunft verweigert. Sie ist als eine sehr hartherzige Person bekannt.

Und es wäre so einfach gewesen für mich, einfach zum Einwohnermeldeamt zu gehen. Dort war meine Mutter ordnungsgemäß nach England mit der dortigen Adresse abgemeldet.

Ich habe es nicht gewagt aus Angst vor Entdeckung und aus schlechtem Gewissen gegenüber meiner Adoptivmutter, und ich hätte nicht gewußt, was zu tun gewesen wäre. Ich hatte niemanden, mit dem ich über mein Problem hätte sprechen können.

Und dann war es zu spät. Das ist schwer zu akzeptieren.

Ich kann nur wiederholen, daß meine Adoption nicht

unbedingt zu meinem Wohl war, auch wenn ich an die unsensible Verwandtschaft meiner Adoptivmutter denke, zu der ich heute kaum Kontakt habe.

Ich bin seit einem Jahr in einer Psychotherapie, habe aber zur Zeit Pause wegen Erkrankung meiner Therapeutin. Ich merke, daß ich mit meinem Thema noch nicht durch bin. Aber ohne die Therapie hätte ich niemals an Sie geschrieben.

Ja, Frau E. ich hoffe, daß es mir irgendwann besser gehen wird und ich mich innerlich arrangiert haben werde.

Mit freundlichen Grüßen

Barbara J.

P.S.: Ich habe von einer Frau aus der Gruppe erfahren, daß es hier eine Psychologin gibt, die sich besonders mit dem Thema »Adoption« befaßt. Das wäre auch für mich interessant, und wir wollen noch darüber sprechen. Ich fühle mich bei meiner Therapeutin nicht gut aufgehoben. Ich habe den Eindruck, meine Probleme sind nicht »ihr« Thema.

Ich lege Ihnen einmal eine Kopie des Schreibens der Tochter der ehemaligen Arbeitgeber meiner leiblichen Mutter bei, dort war sie 1945 angestellt als Haushaltshilfe. Sie schreibt: »sie hat ja nie von sich erzählt«. Ob dies die Arbeitgeber wohl interessiert hätte?

Ja, und das ist es eigentlich, was ich immer wieder suche und niemals finden werde. Eine Hinterlassenschaft meiner Mutter mit Hinweis auf mich, ein Satz nur ...

Das Band wurde zweimal durchschnitten, einmal mit der Weggabe und dann mit ihrem Tod.

Ich hörte von anderen »sie hätte sich gefreut, ihre Tochter zu sehen«. »Es fiel ihr schwer, die Kinder weggeben zu müssen.« Zu wenig für mich ...

Da kommt auch Wut auf sie auf, hat sie sich denn keine Gedanken gemacht, wie ich damit leben würde?

Hatte sie Angst, ich würde sie ablehnen, weil sie mich fortgab?

Hat sie versucht, mir eine Nachricht zukommen zu lassen, oder hat sie auch resigniert?

Alles nur Annahmen, Phantasien, idealisierte Bilder, Wünsche ... Es ist die fehlende Begegnung ... Ich denke, damit wäre uns beiden sehr geholfen gewesen ...

Ich hoffe, eines Tages Frieden zu finden.

Sehr geehrte Frau J.,

ich habe Ihren Brief vom 01.07. erhalten. Leider kann ich erst heute antworten, da ich verreist war und Besuch hatte.

Ja, Ihre Mutter war als Haushaltshilfe bei uns im Haushalt, ich wohnte bei meinen Eltern, da mein Mann in Rußland war. Ich habe im Juli 45 einen Sohn bekommen. Ihre Mutter war wirklich sehr nett, hilfsbereit und enorm tüchtig, so eine gute Hilfe hatten wir nie mehr! Von der Schwangerschaft Ihrer Mutter hat man kaum etwas gemerkt, sie hat ja nie von sich erzählt. Ihr Vater war sicher ein Soldat. Die Kinder mußte sie abgeben, weil ihr Vater Bürgermeister war, und das mit den Kindern nicht wissen durfte, soviel ich noch weiß. Ihrer Mutter ist es nicht leicht gefallen, ihre Kinder abzugeben! Was sollte sie machen, heute wäre das einfacher! Sie ist nach England gegangen, dann haben wir von ihr auch nichts mehr gehört. Von ihrem Selbstmord wußte ich auch nichts, dann ist sie in England auch nicht glücklich geworden, das tut mir sehr leid. Ich sehe sie noch vor mir stehen, mit ihren blauen Augen und blonden Haaren!

Das Verhalten Ihrer Tante kann ich nicht verstehen!

Mehr weiß ich leider auch nicht über Ihre Mutter.

Ich wünsche Ihnen alles Gute!

Mit freundlichen Grüßen

Sehr geehrte Frau Bott,

nach unserem Telefongespräch war ich am 17.03. bei der Psychologin Frau B. Sie selbst wurde auch adoptiert. Nach dem Erzählen meiner Lebensgeschichte stellten wir fest, wie sehr ich heute noch darunter leide, auch besonders darunter, daß es nicht möglich war, meine leibliche Mutter zu treffen. Wie ein solches Treffen wohl ausgesehen hätte? Vielleicht wäre es eine Enttäuschung gewesen für beide. Vielleicht wäre diese Begegnung aber auch sehr beglückkend gewesen für beide Seiten. Eine Wunschvorstellung meinerseits ...!

Wenn ich an meine Adoptivmutter denke, wie sehr haben wir beide unter unserer schlechten Beziehung gelitten. Ich habe heute zwar Verständnis für mich, daß ich als Kind nicht gefragt habe, muß aber immer wieder feststellen, wie sehr ich meine Mutter doch geschont habe und für sie Verständnis aufbringen mußte. Sie erwartete es von mir. Nur, sie hatte kein Verständnis für mich. Sie konnte sich nicht in mich hineindenken. Wie sehr habe ich sie dafür gehaßt!

Es war wohl auch immer noch die »schlechte« leibliche Mutter und der unbekannte Vater im Hintergrund für meine Adoptivmutter. Aber doch gerade dieser »schlechten« Mutter hatte sie doch das Baby zu verdanken!

Sie dachte wohl: Warum muß ein angenommes Kind auch etwas über seine Herkunft wissen? Oder warum muß es gar seine leibliche Mutter sehen wollen? Wir haben ihr doch ein Zuhause gegeben. Wir haben doch alles für sie getan. Und dann diese Undankbarkeit! Meine Adoptivmutter hätte es wohl nicht ertragen, wenn ich tatsächlich Kontakt zu meiner leiblichen Mutter gehabt hätte.

Und so habe ich immer meinen Mund gehalten und war lieb. Ja, es gibt sicher auch einen seelischen Mißbrauch. Wer fragt schon danach?

Ich halte die damalige und auch wohl heute noch größtenteils durchgeführte Praxis der anonymen Adoptionsvermittlung für absolut schädlich.

Ich möchte sogar sagen, daß Adoptionen abgeschafft werden sollten. Ich halte es für unmenschlich, daß sich Mütter aus sozialen und finanziellen Gründen von ihren Babies trennen müssen, so wie im Falle meiner leiblichen Mutter geschehen, daß sie keine Wahl haben. Darin spiegeln sich unsere gesellschaftlichen und sozialen Mißstände. Diese Mißstände lassen Mütter und Kinder zu Opfern werden.

Es ist, als müßten abgebende Mütter und ihre Kinder voreinander »geschützt« werden!

Bei den Kindern kommt es mir vor, als wenn es sich um eine *Ware* handelt, die dazu bestimmt ist, potentielle Adoptivmütter glücklich zu machen.

Ich selbst mußte ja auch etwas für meine Mutter sein. Und doch habe ich sie letztlich enttäuscht. Ich bin ihren Erwartungen nicht gerecht geworden und konnte es auch nicht.

Außerdem kann ich sehr gut bestätigen, daß die Umwelt sehr unwissend, oberflächlich und unsensibel auf das Thema »Adoption« reagiert. Man muß sich schon sehr gut überlegen, wem man »es« erzählt.

Wie gerne hätte ich gewußt, wer mein Vater ist (ein Mariner, an dessen Namen meine Mutter sich nicht erinnerte, so in dem Unterhaltsprozeß von 1947, den das Jugendamt anstrengte).

Liebe Frau Bott, das wäre es für heute.

Viele herzliche Grüße

Barbara J.

August 1994:

Bei meinen Nachforschungen, ermutigt durch die Therapie (die ich mittlerweile abgebrochen habe), bin ich auf »NOR-CAP« (National Organisation for Counselling Adoptees and Parents) gestoßen, eine englische Organisation für Adoptierte, abgebende Mütter und Adoptiveltern.

Ein sehr engagierter Mitarbeiter dieser Organisation hat intensiv recherchiert. In Zeitungsarchiven fand er einen Bericht über den Tod meiner Mutter.

Außerdem habe ich von einer verständigen Behörde Kopien von den Polizeiprotokollen, vom Untersuchungsbericht (um Fremdverschulden auszuschließen) und von Arztberichten erhalten. Dabei erfuhr ich, daß meine Mutter unter schweren Depressionen (u. a. auch hervorgerufen durch den Selbstmord der eigenen Mutter, als sie 19 Jahre alt war) litt und alkohol- und tablettenabhängig war.

Nun habe ich endlich Klarheit über den Tod meiner Mutter, so schmerzlich es auch für mich ist.

Es wurde weiter versucht, Kontakt aufzunehmen zu dem Ehepaar, bei dem meine Mutter seinerzeit in England lebte. Von diesem hoffte ich etwas mehr über ihr Leben in England zu erfahren und auch, wo sich ihr Grab befindet. Mein Wunsch blieb unerfüllt, ich erfuhr, daß beide seit 1970 beziehungsweise 1984 nicht mehr am Leben sind.

Ich habe außerdem in der Zwischenzeit Kontakt zu einem Cousin meiner Mutter aufgenommen, der – für mich überraschend – aufgeschlossen und anteilnehmend reagierte.

Er gab mir Fotos von meiner Mutter und Großmutter mit, wobei die Bilder von der Mutter Kinderbilder sind.

Alle diese Rückmeldungen haben mich etwas zur Ruhe kommen lassen. Was bleibt, ist eine Traurigkeit über eine Lücke, die hätte geschlossen werden können, über etwas, das hätte sein können, über verpaßte Möglichkeiten, unglückliche Umstände ...

Petra Borowitz

Ich fliege nach New York

18.06.1961	Geburt
25.06.1961	Aufnahme in mein neues Elternhaus
1971 – 1976	Im Alter von 11 Jahren werde ich über meine Adoption aufgeklärt. Die Folgen: Alpträume, Angst, immer wieder die Frage nach dem »Warum«. Reaktion der Adoptiveltern: die Situation ist schwierig, sie suchen Ausflüchte, wollen mich »beruhigen«, am liebsten das Thema beenden. Ich beginne zu begreifen, daß meine Eltern das Adoptionsthema vermeiden. Ich baue Schuldgefühle auf, ihnen immer wieder weh zu tun, fresse alles in mich hinein (ich bin noch heute sehr übergewichtig!)
1977	Ich wende mich an das Einwohnermeldeamt, um einen Personalausweis zu beantragen und um Näheres zu erfahren. Meine Akte ist nicht auffindbar – ich existiere nicht?! – Nach längerer Suche erhalte ich die Geburts- und Abstammungsurkunde, jedoch keine weiteren Auskünfte.

Es vergehen 16 Jahre, in denen ich nicht den Mut finde, nach meinen Wurzeln zu suchen! Die Unruhe nimmt zu und ab, manchmal habe ich das Gefühl, über die Adoption »hinweg zu sein«, dann wird der Wunsch nach Auskünften wieder groß und größer.

Ich spreche das Thema bei meinen Eltern

alle paar Jahre mal an, stoße auf Unverständnis, Tränen und erhalte keine neuen Antworten.

November 1993 Der erste Kontakt mit der Selbsthilfegruppe gibt mir die Kraft, mich auf die Suche zu machen. Ich rufe das Einwohnermeldeamt des Ortes an, in dem meine leibliche Mutter gemeldet war. Die Mitarbeiterin kann mir telefonisch keine Auskunft geben, da keine aktuellen Daten vorliegen. Sie bietet mir an, gegen eine Verwaltungsgebühr, das Archiv zu durchforsten. Sie wird fündig. Ich erhalte alle Informationen, derer sie habhaft wird. (Mutter nach USA abgemeldet, Namen und z. T. aktuelle Adressen und Telefonnummern ihrer Geschwister!).

Dezember 1993 Telefonat mit »meinem Onkel«, er gibt mir die Telefonnummer meiner Mutter. Ich beschreite verschiedene Wege, um ihre Anschrift ausfindig zu machen. Alles vergeblich.

Januar 1994 Ich erzähle meiner Adoptivmutter (Vater bereits verstorben) von meinen Plänen. Sie zeigt Verständnis, liest Bücher zum Thema Adoption. Das hilft ihr, mich besser zu begreifen. Sie erkennt, daß es anderen Adoptierten genauso geht und meine Suche ganz natürlich ist.

Februar 1994 Ich rufe beim Jugendamt an und vereinbare einen Gesprächstermin. Die Mitarbeiterin hat sich mit der Akte beschäftigt, kennt die Einzelheiten. Ich erhalte Kopien aus der Akte, kann mir Notizen machen und erhalte Gelegenheit, meine Akte einzusehen. Ich erfahre den Namen und alle bekannten Details über meinen Vater (diese waren bis dahin völlig unbekannt). Gleichzeitig sprechen wir über Adoptionen heute. Ich bin glücklich über die Ansichten der Mitarbeiterin und ihre Schilderung, wie sie heute mit Adoptionen (Aufklärung und Begleitung der Eltern) umgeht. Wir wollen den Kontakt behalten.

15.04.1994 ...
nachts
01.00 Uhr
(in New York
ist es 19.00 Uhr)
Erster Anruf bei meiner Mutter durch meine Freundin, die den Kontakt herstellen soll.
Ich bringe es nicht über mich, selbst bei ihr anzurufen.

Noch in derselben Nacht ruft meine Mutter bei meiner Freundin zurück.

18.04.1994
Ich führe das erste Telefonat mit meiner Mutter!!! Wir sind uns sofort sehr nah. Ich erhalte Antworten auf jede Frage, die ich stelle. Wir tauschen Briefe und Fotos aus. Ähnlichkeiten in Aussehen und Charakter tauchen auf.

Ich habe plötzlich zwei Schwestern, die sich über mich freuen.

Meine Tante ruft an.

Ich treffe mich mit einer anderen Tante.

Wir verabreden den Besuch bei einer weiteren Tante und Cousine.

Plötzlich habe ich eine große Familie, die ich mir immer gewünscht hatte.

Mai 1994
Ich bringe meiner Adoptivmutter alles Neue schonend bei. Sie freut sich mit mir.

Am 30. Juli 1994 werde ich nach New York fliegen!!!

Ankunft in New York. Meine Familie erwartet mich, wir fallen uns in die Arme, und alles ist gut.

Wir verbringen eine harmonische und glückliche Woche miteinander.

Meine Gefühle werden erwidert. Ich spüre eine tiefe Bindung zwischen uns, nichts kann uns wieder trennen. Mit diesen Empfindungen fällt es mir nicht zu schwer, wieder nach Deutschland zurückzukehren.

August 1994 Meine Adoptivmutter beginnt sich mir gegenüber zu öffnen, spricht zum ersten Mal von ihrer Angst. Trotz großer räumlicher Entfernung sind wir uns in Telefongesprächen sehr nahe.

September 1994 Inzwischen rücken das Thema Adoption und meine Erlebnisse bei ihr jedoch wieder in den Hintergrund.

Ich suche einen Weg, mit meiner Adoptivmutter meine Probleme zu bewältigen. Bis heute habe ich diesen Weg noch nicht gefunden.

Susanne Domnick und
Cornelia Sabine Thomsen

Leitfaden für die Suche nach den leiblichen Eltern

Die meisten Adoptierten verspüren irgendwann in ihrem Leben den Wunsch, ihre leiblichen Eltern zu suchen. Oft werden wir von Adoptierten gefragt, wie die Suche konkret anzustellen ist. Deshalb haben wir einen Leitfaden entwickelt, in dem die Suche nach den leiblichen Eltern in acht Schritten dargestellt ist. Hierbei haben wir unsere eigenen Erfahrungen, die von anderen Adoptierten und die aus unserer Arbeit in der Selbsthilfegruppe zugrundegelegt.

Dieser Leitfaden ist nicht zu verstehen wie die Bauanleitung für ein Regal. Wir haben versucht, wesentliche Stationen herauszugreifen und in eine sinnvolle Reihenfolge zu bringen. Es kann sein, daß du bei deiner Suche an manchen Stellen eine andere Reihenfolge wählen mußt. Vielleicht läßt du auch manche Schritte aus (wobei du nicht das Jugendamt oder die Adoptionsvermittlungsstelle überspringen solltest, weil du dort Informationen von dritter Seite bekommen kannst, die vielleicht wichtig für dich sind). Genauso wie jeder Mensch einzigartig ist und jeder einzigartige Eltern und andere Verwandte hat, so gestaltet sich auch die Suche als Teil des Familienromans individuell.

Vielleicht hast du beim Folgenden den Eindruck, daß wir deinen Schwung bremsen, weil wir viele Einschränkungen machen, vor Gefahren warnen und manche Probleme vorwegnehmen. Diese Überlegungen und genauen Darstellungen sollen jedoch dazu dienen, daß du dich vorbereiten kannst auf das, was auf dich zukommt. Es ist wichtig, sich selbst zu schützen. Wir betonen das, weil der

Beginn unseres Lebens so abgelaufen ist, daß über uns verfügt wurde und wir keine Möglichkeit hatten, unser Leben mitzubestimmen. Es ist wichtig zu wissen, daß du dich jetzt als Erwachsene, als Erwachsener selbst schützen kannst. Deine verlorenen Wurzeln zu finden ist nur ein Teil der Identitätsfindung, sie gehört in deinen Alltag und soll dich nicht völlig aus der Bahn werfen. Du mußt dein eigenes Tempo finden.

Deshalb raten wir immer wieder dazu, innezuhalten und nicht alle Schritte an einem Tag zu gehen.

Wann suche ich?

Es gibt verschiedene Anlässe, die die Suche nach den leiblichen Eltern auslösen können. Viele beginnen bei Ereignissen in ihrem Leben, die mit der Identitätsfindung zu tun haben: Weggehen von zu Hause, eine neue Partnerschaft, Hochzeit, Schwangerschaft, Geburt eines Kindes. Oft steht am Anfang der Suche ein schwerer Konflikt mit den Adoptiveltern oder der Tod eines Adoptivelternteils.

Manche bekommen den entscheidenden Anstoß von außen, durch einen Artikel in einer Zeitschrift oder ein Buch , eine Radio- oder Fernsehsendung. Viele sagen dann, sie hätten nur auf etwas derartiges gewartet, um sich endlich auf den Weg zu machen.

Du wirst im folgenden merken, daß wir immer wieder darauf aufmerksam machen, daß du dir Zeit nehmen, auf dein eigenes Tempo achten und auf deine Eingebungen hören sollst. Wenn du eines Tages sagst, jetzt bin ich entschlossen zu suchen, kannst du sicher sein, daß der geeignete Zeitpunkt gekommen ist. Und wenn zwischendurch dein Interesse nachläßt, ist es auch in Ordnung, dann ist die Zeit noch nicht reif. Oft stellt sich nachträglich heraus, daß solche Verzögerungen gut waren (z. B. sind die gesuchten leiblichen Eltern gerade in dieser Zeit aus dem Ausland zurückgekehrt und in die Nähe der Suchenden gezogen).

Es kann sein, daß du durch das, was du erfährst, so durchgeschüttelt wirst, daß du eine Pause brauchst, um wieder zu dir zu kommen. Gesteh sie dir zu.

Manche suchen monate- und jahrelang erfolglos. Wir haben die Erfahrung gemacht, daß es wichtig ist, daß du nicht nur suchen, sondern auch finden willst. Nimm dir auch in diesem Fall die Zeit zu prüfen, welche Widerstände du ernst nehmen mußt. Vielleicht hindern dich unbewußte Phantasien oder Ängste vor der Veränderung deines Lebens daran, deine leiblichen Verwandten zu finden. Vielleicht stellst du dir manchmal die Frage:

Warum suche ich nicht?

Möglicherweise ist die Zeit noch nicht gekommen. Vielleicht mußt du dich mit der Adoption und damit, was sie für dein Leben bedeutet, mehr beschäftigen. Vielleicht können dir, wenn du merkst, daß du stark an deine Adoptiveltern gebunden bist, unsere Gedanken zu Schritt drei hilfreich sein. Vielleicht mußt du erst deine Ängste überwinden, daß du schreckliche leibliche Eltern finden könntest. Oder du machst dir große Sorgen, du könntest in ihr Leben eindringen und dort etwas zerstören.

Schritt eins: Material sammeln und sichten

Zunächst mußt du dich auf das besinnen, was du über deine Herkunft, deine leiblichen Eltern und die Adoption bereits weißt, aus Erzählungen deiner Adoptiveltern und von anderen, aus Dokumenten und aus anderen Quellen. Dies ist wichtiges Material und kann dir eine Orientierung bieten. Mach dir Notizen über alles, was du nur vom Hörensagen weißt.

Stell alle Unterlagen zusammen, die du über deine Herkunft und den Adoptionsvorgang hast. Je nachdem, wie alt du bist und wie offen in deiner Familie mit der Adoption umgegangen wurde, hast du die Unterlagen selbst und zumindest Zugang zu ihnen – oder auch nicht.

Wenn du nicht an die Unterlagen herankommst und auch nicht weißt, wo diese sich befinden könnten, kannst du entweder deine Adoptiveltern darauf ansprechen (Hinweise dazu in Schritt drei) oder dich gleich an das Standesamt oder das Jugendamt wenden (Hinweise in Schritt vier und fünf). Manchmal sind andere Verwandte (Großeltern, Tanten und Onkel) oder Bekannte der Adoptiveltern bereit, Auskünfte zu erteilen, die die Adoptiveltern verweigern.

Versuch, dir ein Bild zu machen von dem, was vorhanden ist, was du bereits weißt. Schreib dir alle Namen von Personen und Orten auf ein Extrablatt, auch Aktenzeichen, die dir bekannt sind. Notiere alles, was sonst noch wichtig erscheint.

Möglicherweise geht es dir so wie manchen anderen Adoptierten, daß du die Unterlagen einfach nicht lesen kannst. Oder dir die Fakten vor den Augen verschwimmen. Vielleicht kannst du dir die Namen nicht merken. Versuch es immer wieder, oder laß dir helfen.

Wenn du eines Tages das Nötige lesen und verstehen kann, dann ist der richtige Zeitpunkt für die Suche gekommen.

Schritt zwei: Begleitpersonen suchen

Such dir mindestens eine Begleitperson, die dich bei deiner Suche unterstützt. Es ist wichtig, daß du bei dieser deine Suche nicht rechtfertigen oder erklären mußt, sondern direkt unterstützt und verstanden wirst, also:
- die Freundin oder der Freund, die dich lange kennen,
- den Partner oder die Partnerin,
- Mitarbeiterinnen und Mitarbeiter von offiziellen Stellen (z. B. Jugendamt),
- Psychotherapeutinnen oder Psychotherapeuten,

– Mitglieder von Selbsthilfegruppen für Erwachsene Adoptierte.

Auf jeden Fall solltest du mindestens eine oder sogar mehrere Freunde und Freundinnen haben, die dich bei deiner Suche begleiten. Wer das allein machen will, mutet sich zu viel zu. Außerdem braucht man Hilfe, wenn man nicht weiter weiß, wenn die Suche in eine Sackgasse geführt hat. Es kann auch immer ein Punkt kommen, an dem dir alles zu viel wird, du nicht mehr aus noch ein weißt. Dann brauchst du deine Begleiterinnen und Begleiter, damit sie für dich da sind, dich auffangen.

Bei allem gilt jedoch: laß dir deine Suche nicht aus der Hand nehmen. Das Tempo bestimmst du selbst, und die wesentlichen Entscheidungen mußt du selbst treffen. Es kann immer wieder geschehen, daß eine Begleitperson ihre Aufgabe zu wichtig nimmt und sich in eine Helferrolle begeben will. Das kannst du daran erkennen, daß sie dir plötzlich wichtige Schritte abnehmen will oder selbst Ermittlungen anstellt, ohne dich vorher gefragt zu haben. Hier mußt du sehr aufpassen, denn es sind deine leiblichen Eltern und deine Beziehung zu ihnen, um die es geht.

Schritt drei: Behalte deine Adoptiveltern im Blick

Vielleicht wunderst du dich, daß wir bei den Begleitpersonen die Adoptiveltern nicht erwähnt haben. Ob sie dich begleiten können, hängt davon ab, wie offen in deiner Familie mit der Adoption umgegangen wurde und inwieweit sich deine Adoptiveltern mit deiner leiblichen Familie und ihrer eigenen Kinderlosigkeit auseinandergesetzt haben.

Bevor Adoptierte sich auf die Suche nach ihren leiblichen Eltern machen, stehen sie vor der Frage, was aus dem Verhältnis zu ihren Adoptiveltern werden wird. Ängste, sie zu verlieren, sie zurückzustoßen, sich als illoyal und undankbar zu erweisen, können die Suche erschweren oder unmöglich machen. Eine Rolle kann auch spielen, welche Ängste deine Adoptiveltern haben, wenn sie an deine leiblichen Eltern und die Möglichkeit denken, du könntest sie suchen wollen.

Durch die Suche und die Begegnung mit den leiblichen Eltern wird das Verhältnis zu den Adoptiveltern in Frage gestellt und erschüttert, in unterschiedlicher Intensität, je nachdem, wie das Verhältnis vorher war. Langfristig glätten sich jedoch die emotionalen Wogen, und das Verhältnis normalisiert sich, manchmal ist es sogar besser als vorher. Die Adoptiveltern können von der (uneingestandenen) Angst frei werden, ihr Kind an die leiblichen Eltern zu verlieren.

Mach dir klar, daß die Suche nach deinen leiblichen Eltern und die Begegnung mit ihnen immer eine (zumindest vorübergehende) Abwendung von deinen Adoptiveltern mit sich bringen wird, und das werden diese spüren. Je mehr du deine Adoptiveltern liebst und je enger euer Verhältnis ist, um so mehr kannst du in Loyalitätskonflikte geraten, wenn du deine leiblichen Eltern kennenlernst und spürst, daß du sie vielleicht auch magst.

Die Suche nach den leiblichen Eltern hat mit der Ablösung von der Adoptivfamilie zu tun. Vielleicht kannst du dich erinnern, wie deine Ablösungsprozesse bisher verlaufen sind. Versuche, etwas daraus zu lernen. Die Verletzungen, die dir zugefügt wurden, brauchen so nicht wiederholt zu werden in der Loslösung von deinen Adoptiveltern.

Vielleicht hast du das Gefühl, du brauchtest die »Erlaubnis« zur Suche. Oder du hast noch nicht alle Dokumente zusammen und brauchst Unterlagen von ihnen, oder Informationen. Oder eine Behörde verlangt von dir eine schriftliche Einverständniserklärung deiner Adoptiveltern (s. u.). Wenn ihr schon oft über die Adoption miteinander gesprochen habt, kannst du ihnen sicher leichter von deinem Entschluß erzählen, die leiblichen Eltern zu suchen. Vielleicht können sie dir sogar noch wertvolle Hinweise geben. Oder dir signalisieren, daß sie bereit sind, dich zu unterstützen, daß du ihnen die Suche zumuten darfst.

Möglicherweise möchtest du vor der Suche nach deinen leiblichen Eltern zunächst dein Verhältnis zu den Adoptiveltern klären, insbesondere, wenn bei euch zu Hause nicht offen über die Adoption gesprochen wurde. Jetzt willst du der permanenten Lüge etwas entgegensetzen und die Mauer des Schweigens durchbrechen. Zeigen, daß auch ein anderer Umgang mit der Adoption möglich ist. In diesem Fall solltest du dir den Zeitpunkt für diese Konfrontation gut überlegen, weil es sein kann, daß du, wenn du sie an den Anfang stellst, dabei viel von deiner Energie verbrauchst, die du eigentlich für die Suche brauchst. Du kannst auch nach oder während der Suche diese Auseinandersetzung führen. Es wird schwierig, wenn du die Suche nach den leiblichen Eltern als Mittel wählst, um dein Verhältnis zu deinen Adoptiveltern zu klären oder zu verändern.

Zunehmend bieten auch die Jugendämter Veranstaltungen für Adoptiveltern an, in denen sie mit erwachsenen Adoptierten ins Gespräch kommen und erfahren können, wie wichtig es ist, die leiblichen Eltern kennenzulernen, welche Auswirkungen dies auf das Verhältnis zwischen Adoptierten und Adoptiveltern haben kann und so weiter. Vielleicht wird in eurer Umgebung so etwas angeboten, oder deine Nachfrage beim Jugendamt bringt so etwas in Gang. Vielleicht wäre das etwas für deine Adoptiveltern?

Schritt vier: Wen suche ich zuerst?

Hier gibt es keine Regel. Die meisten suchen zuerst ihre Mutter, was auch naheliegend ist. Die Suche nach dem Vater wird in der Literatur und den Medien wenig behandelt. Dies mag der gesellschaftlichen Rolle der Väter entsprechen. Rein faktisch sind die Mütter am ehesten bekannt und dokumentiert. Oft können die Mütter auch wertvolle Informationen darüber geben, wo der Vater lebt, so daß die Suche nach ihm anschließend leichter ist.

Gleichwohl: Wenn du das Gefühl hast, du solltest zunächst deinen Vater suchen, dann folge dem. In den meisten Fällen stellt sich heraus, daß dies die richtige Reihenfolge war, weil beispielsweise die Mutter wirklich nichts von ihrem Kind wissen will oder sie nicht mehr lebt, oder aus anderen Gründen. Der Weg zu deiner Mutter kann auch zunächst über andere leibliche Verwandte führen.

In der Regel gibt es eine Parallele zwischen dem Finden und der Zeit vor der Adoption: Du findest am ehesten die, mit denen du die meiste Zeit verbracht hast, bevor du adoptiert wurdest, oder die, die dich am ehesten behalten wollten. Wenn du also Informationen über andere leibliche Verwandte hast, geh diesen nach.

Grundsätzlich gilt: Nimm deine Ahnungen, Phantasien und Gefühle ernst, denn oft sind sie Ausdruck eines inneren Wissens, zu dem du sonst keinen Zugang findest.

Schritt fünf: Standesamt

Wenn du keine Unterlagen hast oder in den vorhandenen keinen Anhaltspunkt für deinen Geburtsnamen oder die Namen deiner leiblichen Eltern findest, kannst du eine Abstammungsurkunde beim Standesamt der Stadt beantragen, in der du geboren bist.

Diese benötigst du auf jeden Fall, wenn du heiraten willst. Früher war dies für manche Adoptierte der Anlaß, bei dem sie von ihrer Adoption erfahren haben. Oft reichte das Inkognito aber auch so weit, daß das Standesamt der Geburtsstadt die Abstammungsurkunde direkt an das Standesamt, bei dem das Aufgebot bestellt wurde, geschickt hat, so daß die Adoptierten nicht einmal bei dieser Gelegenheit von der Adoption erfahren haben. Manche haben zwei- oder dreimal geheiratet, ohne etwas zu erfahren.

Schritt sechs: Jugendamt oder andere Adoptionsvermittlungsstellen

Wenn du deinen Unterlagen entnehmen kannst, welches Jugendamt oder welche sonstige Stelle deine Adoption vermittelt hat, kannst du als nächstes Kontakt zu dieser Institution aufnehmen. Wenn du jedoch jemanden im Jugendamt der Stadt kennst, in der du wohnst, oder du weißt, daß dort eine Mitarbeiterin oder ein Mitarbeiter beschäftigt ist, der oder die gegenüber der Suche der Adoptierten nach ihren Wurzeln und ihrer Herkunft aufgeschlossen ist, kannst du dich auch dorthin wenden. Da die Jugendämter einander zur Amtshilfe verpflichtet sind, müssen sie sich gegenseitig die Akten zuschicken.

Auch kirchliche und sonstige Träger werden als Adoptionsvermittler tätig, und wenn du durch eine derartige Stelle »vermittelt« wurdest, mußt du dich an diese wenden. Das, was wir im folgenden zu den Jugendämtern sagen, gilt im wesentlichen auch für andere Institutionen. Auch hier findet man aufgeschlossene Mitarbeiter und Mitarbeiterinnen, du kannst aber ebenso das Pech haben, an abweisende Personen zu geraten.

Das Jugendamt, das die Adoption vermittelt hat, führt eine Akte, in dem die wesentlichen Informationen enthalten sein sollten, also Namen und Adressen deiner leiblichen Eltern, wo du zur Welt gekommen bist, warum du zur Adoption gegeben worden bist und ob du übergangsweise in einem Kinder- oder Säuglingsheim oder bei Pflegeeltern untergebracht worden bist, bevor du in deine Adoptivfamilie gekommen bist.

Das zuständige Jugendamt müßtest du aus deinen Adoptionsunterlagen entnehmen können. Oder du mußt deine Adoptiveltern fragen. Am schnellsten geht die Suche bei allen Ämtern, wenn du auch ein Aktenzeichen weißt.

Entsprechend der (noch) überwiegenden Ansicht in den Ämtern, daß die Art und Weise der Adoptionsvermittlung die betroffenen Adoptierten wenig oder gar nichts angeht, gibt es keine festen Regeln, wie lange die Akten aufgehoben werden müssen. In ungünstigen Fällen werden sie schon nach fünf Jahren vernichtet, maximal werden sie dreißig Jahre aufgehoben, nur in Ausnahmefällen länger. Das solltest du bei deiner Entscheidung, wann du die Suche beginnst, mitberücksichtigen.

Wenn deine Adoption schon länger zurückliegt, muß deine Akte womöglich im Keller oder im Archiv gesucht werden. Dann wirst du dich ein wenig gedulden müssen. Mach gleich einen festen Termin aus, wann du dich wieder melden kannst, damit die Sache beim Jugendamt nicht in Vergessenheit gerät.

Möglicherweise ist das Jugendamt die erste richtige Hürde, die du überwinden mußt. Das hängt mit der sogenannten Inkognito-Adoption zusammen, die schon an anderen Stellen in diesem Buch erklärt worden ist.

Es gibt leider immer noch viel zu viele Jugendämter, die sich auf die Inkognito-Adoption oder den Datenschutz berufen, um Adoptierte, die Auskünfte über ihre Herkunft haben wollen, abzuweisen. Wir halten diese Erwägungen für rechtlich zweifelhaft, denn das Inkognito soll uns ja schützen gegen andere, aber nicht gegen uns selbst. Außerdem berufen wir uns auf ein Recht zur Kenntnis der eigenen Abstammung, wie es das Bundesverfassungsgericht bereits mehrfach anerkannt hat. Gegenüber diesem Recht muß auch der Datenschutz zurücktreten.

Die Jugendämter haben die unterschiedlichsten Handhabungen entwickelt, wie mit diesem Problem umzugehen ist, oft macht jeder Mitarbeiter und jede Mitarbeiterin dies anders. In zunehmender Zahl nehmen sie unser Anliegen ernst und sind bereit, dir zu helfen.

Aber du kannst auch an jemand geraten, die den alten Vorstellungen der Inkognito-Adoption verhaftet ist. Entweder wird dir jede Auskunft verweigert, oder man verlangt vor dir, daß du eine Genehmigung deiner Adoptiveltern vorlegst. Dies ist nach unserer Auffassung nicht erforderlich, wenn du über achtzehn Jahre alt bist. Aber wenn du dies zum Anlaß nehmen willst, um die Angelegenheit mit deinen Adoptiveltern zu klären, kannst du versuchen, sie zu bekommen (vgl. dazu Schritt drei). Wenn deine Adoptiveltern einverstanden sind, kannst du damit gleichzeitig dem Jugendamt gegenüber deutlich machen, daß auch Adoptiveltern heute die Dinge teilweise viel lockerer sehen.

Wenn dir jede Auskunft verweigert wird oder du keine »Genehmigng« deiner Adoptiveltern einholen willst, kannst du versuchen, bei der zuständigen Stelle einen Sinneswandel herbeizuführen – oder du beschließt gleich, es woanders zu versuchen.

Oft sind diejenigen, die du jetzt um Auskunft ersuchst, auch gleichzeitig Adoptionsvermittlerinnen oder Adoptionsvermittler. Wenn sie das Inkognito für das einzig Richtige halten, werden sie Schwierigkeiten haben, auf dein Ansinnen einzugehen. Sie wollen sich nicht in Frage stellen lassen, sind in ihrer Loyalität vor allem an die Adoptiveltern gebunden und glauben, sie müßten diese durch das Inkognito vor Unheil bewahren. Hier versuchen wir, durch unsere Fortbildungsveranstaltungen etwas zu verändern.

Manche Mitarbeiterinnen und Mitarbeiter in Jugendämtern handeln aus einer Sorge heraus, was mit dir passieren könnte, wenn du deine leiblichen Eltern suchst und findest. Hier kann es sinnvoll sein, mit ihnen ruhig zu sprechen und deinen Plan zu erläutern.

Wichtig ist für dich, daß du auf eine Ablehnung vorbereitet bist und gleichzeitig weißt, daß es noch andere Wege gibt, um an die Informationen heranzukommen, zum Beispiel über ein anderes Jugendamt. Der Gang zum Jugendamt kann ohnehin manch ungute Gefühle und Erinnerungen daran in dir wecken, wie es war, als du als kleines Baby oder Kleinkind »vermittelt« wurdest – rechtlos, dich hat keiner gefragt, du wurdest zur Akte. Nimm diese Gefühle wahr, aber denk gleichzeitig daran, daß du jetzt als Erwachsene oder Erwachsener dorthin zurückkehrst. Wenn du aus Erfahrung weißt, daß du gegenüber Behördenvertretern leicht kleinlaut wirst (was auch mit der Adoption zu tun haben kann), nimm gleich eine couragierte Freundin (eine deiner Begleitpersonen) zur Unterstützung mit.

Es gibt noch eine andere Fallkonstellation zu bedenken. Ähnlich, wie wir oben die Begleitpersonen erwähnt haben, die sich zu sehr einmischen wollen, gibt es mitunter Mitarbeiter von Institutionen, die dir zu viel helfen möchten. Sie wollen dir zum Beispiel die Suche selbst abnehmen und gleich ihrerseits Kontakt zu deinen leiblichen Eltern aufnehmen. Es gilt entsprechend, was wir bereits oben gesagt haben: überleg dir genau, ob du das wirklich willst, laß dir genau erklären, wie das vonstatten gehen soll und welche Erfahrungen in früheren Fällen mit diesem Vorgehen gemacht wurden. Und wenn dir das alles nicht zusagt oder du es selbst machen willst: Sag nein!

Dies gilt vor allem für manche Suchdienste, die gern bei Auslandsbeteilung eingeschaltet werden. Hier haben wir leider schon manches Mal schlechte Erfahrungen gemacht, weil Institutionen, die um Auskunft ersucht wurden, sich wie der Elefant im Porzellanladen benommen haben. So erhielt etwa eine Frau, die nach England gezogen war, nachdem sie ihr Kind zur Adoption gegeben hatte, mehrfach Besuch von der Heilsarmee, als ihr Kind sich auf die Suche gemacht hatte. Ihre Familie hatte von nichts etwas gewußt ... Das ist kein guter Einstieg für die Kontaktaufnahme. Ablehnende Reaktionen deiner leiblichen Mutter oder deines leiblichen Vaters darauf sind berechtigt und gut zu verstehen. Nur wirst du dies auf dich beziehen und die Botschaft interpretieren: Die oder der will wieder – immer noch – nichts von mir wissen.

Jetzt mußt du noch wissen, in welcher Form du Informationen bei den Jugendämtern bekommen kannst. Auch hier haben wir die unterschiedlichsten Erfahrungen gemacht.

Die einen schreiben dir die Namen und die ehemaligen Adressen deiner leiblichen Eltern heraus, und das war's. Die anderen lesen dir ausgewählte Stellen aus den Akten vor, manchmal beantworten sie weitergehende Fragen. Wenn du Glück hast, darfst du die ganze Akte lesen. Auf jeden Fall solltest du mit Papier und Bleistift ausgestattet sein, denn in der Aufregung kannst du dir sicher nicht alles merken.

Vor allem solltest du alles notieren, was bei deiner Suche hilfreich sein kann: alle Namen und Adressen, die auftauchen, auch die von Verwandten deiner leiblichen Eltern, Pflegeeltern, sonstigen Beteiligten, Taufpaten, Kinderheimen, Ärztinnen und Ärzten, Rechtsanwältinnen und Rechtsanwälten und weiteren, Aktenzeichen von anderen Institutionen und Gerichten. Man weiß nie, wofür du das noch einmal brauchen kannst.

Wenn du etwas erfahren kannst über die näheren Umstände deiner Adoption, kann dir das bei den weiteren Schritten hilfreich sein, insbesondere bei der Frage, wie du Kontakt zu deinen leiblichen Eltern aufnehmen kannst (s.u.). Ihre damalige Lebenssituation und ihr Verhältnis zueinander zu kennen, etwas über die Gründe zu wissen, warum sie dich zur Adoption gegeben haben, ist der erste Schritt, dich an sie heranzutasten. Diese Informationen sind vielleicht die ersten Mosaikstücke, mit denen du ihr Bild zusammensetzen kannst. Manchmal findest du in den Akten sogar ein Bild von ihnen, oder sie haben dir einen Brief hinterlassen. Dann freu dich über diese kostbaren Funde.

Schritt sieben: Die neue Adresse der leiblichen Mutter oder des leiblichen Vaters herausfinden.

Als nächstes mußt du herausfinden, wo die Gesuchten jetzt wohnen. Geh als erstes auf das nächste Postamt und schau dort in den Telefonbüchern nach, ob deine leiblichen Eltern oder andere Verwandte dieselbe Adresse haben oder zumindest im selben Ort wie früher wohnen. Das ist viel häufiger der Fall, als du vielleicht erwartest.

Viele Adoptierte stellen sich vor, ihre leiblichen Eltern wären in ihrem Leben viel herumgezogen, was stimmen kann, aber oft ist das Gegenteil der Fall. Oder andere Verwandte sind nicht umgezogen.

Wenn du fündig geworden bist, kannst du dir überlegen, wie du Kontakt aufnimmst (siehe dazu Schritt acht).

Wenn dir das Telefonbuch nicht weiterhilft, kannst du versuchen, eine Auskunft beim Einwohnermeldeamt zu bekommen. Hier fängst du am besten dort an, wo deine Mutter oder dein Vater nach deinen Kenntnissen zuletzt gelebt haben. Oft ist bei den Müttern ein zusätzliches Problem, daß sie vielleicht in der Zwischenzeit geheiratet und dabei ihren Nachnamen geändert haben.

Für den Umgang mit dem Einwohnermeldeamt gilt entsprechend, was wir oben zum Jugendamt gesagt haben. Nur mit dem Unterschied, daß die dortigen Beamten keine Möglichkeiten haben, auf Fortbildungsveranstaltungen etwas anderes über Adoption zu erfahren, als sie bisher wußten. Sie sind deshalb oft noch stärker auf das Inkognito und den Datenschutz fixiert. Deshalb mußt du dir genau überlegen, was du dem Beamten oder der Beamtin dort sagst, beispielsweise daß du eine Verwandte suchst, zu der du den Kontakt verloren hast, oder etwas ähnliches. Wenn du etwas von der Adoption erwähnst, riskierst du, daß die Inkognito-Alarmglocken klingeln, und du wirst abgewiesen, oder eine »Genehmigung« der Adoptiveltern oder sogar der leiblichen Eltern wird verlangt. Oder man versucht dir zu »helfen« (s. o.), indem das Einwohnermeldeamt mit deiner leiblichen Mutter oder deinem leiblichen Vater Kontakt aufnimmt. Wenn jemand keine Erfahrung mit solchen Fällen hat, ist zu befürchten, daß ihm oder ihr das nötige Fingerspitzengefühl fehlt und sehr unglückliche Situationen inszeniert werden – also Vorsicht! Dabei solltest du wissen, daß der Datenschutz hinsichtlich der Adresse ohnehin nur schwach ausgeprägt ist; wenn dir zum Beispiel jemand Geld schuldet und verschwindet, kannst du genauso eine Auskunft beim Einwohnermeldeamt einholen, denn dann hast du ein berechtigtes Interesse. Vielleicht ist dein Fall in gewisser Weise vergleichbar?

In der Regel übernimmt das Jugendamt die Nachfrage beim Einwohnermeldeamt für dich, wenn du es wünscht. Über Amtshilfe bekommst du dann die letzte Anschrift in der Bundesrepublik, unter der deine Verwandten gemeldet waren. Sollten sie irgendwann ins Ausland gegangen sein, gibt es ebenfalls häufig dorthin eine Abmeldung.

Es gibt spezielle Möglichkeiten und Institutionen für die Suche im Ausland – über die Selbsthilfegruppen kannst du dich informieren. Falls deine leiblichen Verwandten aus der ehemaligen DDR stammen, kannst du dich an die zuständige zentrale Adoptionsstelle wenden.

Wenn du nicht gleich mit den Adressen deiner leiblichen Mutter oder deines leiblichen Vaters zum Ziel kommst, mußt du dasselbe Verfahren auf andere Verwandte und sonstige Personen anwenden, die deine Eltern gekannt haben und deren Name in den Akten auftaucht.

Spätestens ab jetzt sind deine detektivischen Fähigkeiten und die deiner Begleitpersonen gefragt. Jetzt geht es um Spurensuche und das Wiederaufspüren verlorener Spuren. Wir können nicht aufzählen, welche Möglichkeiten es gibt: Archive besuchen, Medien (von der örtlichen Tagespresse bis zu Funk und Fernsehen) einschalten, ausländische Botschaften und Konsulate befragen, an den »Tatort« reisen und vieles andere mehr. Wie wir schon oben gesagt haben: es kann eine lange Geduldsprobe werden, aber gib nicht zu früh auf.

Schritt acht: Kontaktaufnahme mit den leiblichen Eltern

Wenn du vorher Kontakt zu anderen Verwandten oder Bekannten aufnehmen mußt, kannst du das Folgende ebenfalls gut verwenden. Sei auf der Hut, arbeite mit Klugheit und List. Rechne mit Widerständen (wie bei den Behörden), mit Mißtrauen und Ablehnung. Das ist ganz einfach zu verstehen: Wenn beispielsweise die Eltern deiner leiblichen Mutter diese dazu gedrängt oder sogar gezwungen haben, dich zur Adoption zu geben, werden sie vielleicht nicht erfreut sein, wenn du dich bei ihnen meldest. Genauso gut kann es möglich sein, daß sie von deiner Existenz nichts wissen, und dann solltest du ebenfalls vorsichtig sein. Wenn du einmal zu offen warst oder dich verplappert hast in der Aufregung, solltest du dich nicht entmutigen lassen und es später noch einmal auf andere Weise probieren, oder du schickst das nächste Mal jemand anderen vor. Wenn du dagegen mit offenen Armen empfangen wirst, freu dich darüber und laß dir soviel wie möglich von deinen leiblichen Eltern erzählen.

Jetzt mußt du dir überlegen, wie du am besten den ersten Kontakt herstellst. Besinn dich dafür zuerst auf das, was du bisher erfahren hast und welche Phantasien über die leiblichen Eltern diese Kenntnisse in dir entwickelt haben. Bedenke, auch wenn du es vielleicht nicht wahrhaben willst: du kennst auf jeden Fall deine Mutter, zumindest hast du sie in neun Monaten Schwangerschaft und bei der Geburt, möglicherweise sogar gewisse Zeit danach erlebt. Vielleicht kennst du auch deinen Vater, weil deine Eltern einige Monate mit dir zusammengelebt haben. Wir betonen das, weil wir dir Mut machen möchten, auf deine Eingebungen zu hören und dein Gespür ernstzunehmen – gegenüber deinen leiblichen Eltern bist du deine beste Ratgeberin! Mit deinen Begleiterinnen oder Begleitern kannst du dann besprechen, wie deine Pläne und Ideen am

besten umzusetzen sind und ob sie einen Part darin über-
nehmen sollen.

Vielleicht sagt dir deine Intuition nämlich: ich sollte erst
einmal vorsichtig das Terrain sondieren, bevor ich direkt
Kontakt aufnehme. Es gibt viele verschiedene Wege der
langsamen Annäherung. Also sprichst du vielleicht zunächst einmal mit Verwandten oder ehemaligen Freunden
und Bekannten deiner leiblichen Eltern, oder du fährst
einmal zu ihrer Wohnung, schaust dich ein wenig um,
studierst die Lebensgewohnheiten, vielleicht kannst du sie
oder ihn schon einmal erspähen. Danach kannst du entscheiden, wie es weitergehen soll.

Übrigens: Für manche Adoptierte wäre die Sache an diesem Punkt vielleicht beendet, da sie sagen, es reicht ihnen
zunächst, wenn sie ihre leibliche Mutter oder ihren leiblichen Vater gesehen haben.

Vielleicht möchtest du am liebsten schreiben – dann tu
es! Es hat den Vorteil, daß du der oder dem anderen Zeit
und Raum gibst, sich die Antwort zu überlegen. Nachteilig
ist, daß ein Brief in falsche Hände geraten kann (z. B. in die
des Ehepartners, der nichts von der Adoption weiß). Außerdem gibt es Leute, die nicht gern schreiben. Deshalb gib
deine Telefonnummer an.

Oder du willst lieber telefonieren: Dann vergewissere
dich am Anfang des Gesprächs, daß deine Gesprächspart-
nerin oder dein Gesprächspartner allein ist und ungestört
sprechen kann. Sonst vereinbare einen anderen Zeitpunkt,
oder versuch es später noch einmal.

Wenn du diese Regeln nicht beachtest, kann es dir passieren, daß du abgewiesen wirst, weil deine Mutter oder
dein Vater nicht frei sprechen konnte – und eine große
Chance wurde vertan. Hinterlaß deshalb auf jeden Fall
deine Telefonnummer.

Genausogut kannst du hingehen, wenn du genügend
über sie weißt. Hier mußt du, insbesondere bei Auslands-
fahrten, gut vorbereitet sein und viel über ihre Lebensge-

wohnheiten wissen. Sonst läufst du Gefahr, niemanden anzutreffen.

Wenn dich etwas in dir warnt, direkten Kontakt aufzunehmen, solltest du darauf hören, ebenso wenn du Gefühle von Unsicherheit und Mißtrauen spürst. Dann empfiehlt es sich, den Kontakt über eine Mittelsperson langsam anzubahnen. Wir haben damit gute Erfahrungen gemacht. Die Mittelsperson kann den gesuchten Elternteil vorsichtig und mit Fingerspitzengefühl auf die Begegnung vorbereiten und dir wichtige Informationen vermitteln, bevor du direkten Kontakt aufnimmst. Als derartige Mittelspersonen kommen vorrangig in Frage:
- eine deiner Begleitpersonen (s. o.),
- Mitarbeiterinnen oder Mitarbeiter von Jugendämtern und anderen Adoptionsvermittlungsstellen,
- Pfarrerinnen und Pfarrer,
- leibliche Verwandte, die du bereits gefunden hast, z. B. Geschwister, Tanten, Großeltern,
- die Adoptiveltern,
- Mitglieder von Selbsthilfegruppen für Erwachsene Adoptierte.

An dieser Stelle wollen wir nur wiederholen, was wir bereits mehrfach zur Einschaltung anderer Personen gesagt haben. Mach ihnen klare Vorgaben. Sag ihnen, was du willst und was du nicht willst. Zu den Mitarbeitern von Behörden haben wir oben bereits alles gesagt. Die Adoptiveltern können hilfreich sein, wenn du noch sehr jung bist und sie voll hinter deiner Suche stehen, ja vielleicht selbst deine leiblichen Eltern kennenlernen möchten. Mit Pfarrerinnen und Pfarrern haben wir zum Teil gute Erfahrungen gemacht, weil manche sich gut öffnen können für unser Anliegen und weil Pfarrer gleichzeitig eine gewisse Autorität genießen. Ein Handicap: überdurchschnittlich viele Pfarrer und Pfarrerinnen haben Kinder adoptiert, und deshalb können Widerstände auftauchen.

Besonders spannend ist es, wenn du deine neu gefundenen Verwandten einschalten kannst. Dann hast du vielleicht schon viel über dich und deine Eltern erfahren, bevor du sie kennenlernst, und du machst erste Erfahrungen mit deiner neuen Verwandtschaft.

So, jetzt weißt du eigentlich alles, um mit der Suche zu beginnen. Wir wünschen dir alles Gute auf deinem Weg. Die Adressen der Selbsthilfegruppen, die dir in jedem Fall weiterhelfen, findest du ab S. 111.

Annelie Scholz

Zur Identitätsproblematik von Adoptierten

Die Frage »Wer bin ich?« stellt sich der Mensch schon seit Jahrtausenden, und er definiert sich neu nach seinem jeweiligen Bewußtseinsstand. Die Frage »Wer bin ich?« haben wir uns sicher schon alle gestellt. Für Adoptierte hat diese Frage jedoch einen anderen Hintergrund. Wenn sich ein leibliches Kind diese Frage stellt, weiß es: Egal, wer ich sonst bin, egal, wie ich mich sonst fühle, ich bin das Kind meiner Eltern. Vielleicht würde sich das Kind oder der Erwachsene das lieber anders wünschen, aber es ist eine feststehende Tatsache, man ist und bleibt das Kind seiner Eltern.

Viele Menschen haben sich im Alter von fünf Jahren und auch bis in die Vorpubertät hinein vorgestellt, andere Eltern zu haben. Sigmund Freud hat dies den »Familienroman der Neurotiker« genannt. Dieser Familienroman ist für Adoptivkinder Wirklichkeit geworden. Adoptierte haben zwei Elternpaare, die Adoptiveltern und die leiblichen Eltern, egal ob es ihnen bewußt ist oder nicht.

Adoptierte müssen zu einer eigenen Identität als Adoptierte finden. Durch die spezielle Problematik Adoption sind die normalen Identitätskrisen anders und schwieriger. Identitätskrisen und neue Identitätsfindungen sind in der Entwicklung eines jeden Menschen ganz normal. Erikson hat Ich-Identität als »innere Organisation des Ich« bezeichnet und sieht die allgemeine Entfaltung der Persönlichkeit gekennzeichnet durch acht phasenspezifische psychosoziale Krisen – im 1. Lebensjahr, im 2. und 3. Lebensjahr, im 5. und 6. Lebensjahr, in der Latenzphase, in der Pubertät und Adoleszenz, im frühen Erwachsenen-Alter, im Erwachsenen-Alter und im Alter der Reife.

Man kann nun davon ausgehen, daß Störungen in der Entwicklung eines Menschen sich in jeder weiteren psychosozialen Krise auswirken und diese verschärfen. Adoptierte müssen sich mit folgenden Problemen in ihrer Geschichte auseinandersetzen:

- mit dem Nicht-Gewollt-Sein,
- mit dem Weggebenwerden und der frühen Trennung von der leiblichen Mutter,
- mit der Tabuisierung des Themas Adoption in der Adoptivfamilie,
- mit dem Umgang zum Thema Adoption in ihrem sozialen Umfeld,
- mit Problemen der Adoptiveltern (z. B. nicht verarbeitete unfreiwillige Kinderlosigkeit, bewußte oder unbewußte Ängste in bezug auf Vererbung, Unsicherheiten in bezug auf ihre Rolle, besonders große Erwartungen an das Kind etc.),
- mit ihrer Geschichte vor der Adoption.

Adoption heißt »sich hinzuwünschen«. Ihre Ursprünge reichen weit zurück bis hin zu ältesten schriftlich niedergelegten Gesetzessammlung der Welt, bei uns wird sie 1896 im Bürgerlichen Gesetzbuch erstmals erwähnt.

Früher war das Ziel einer Adoption die Gewinnung eines Erben, es wurden Erwachsene als Erben adoptiert, die soziale Komponente stellte sich erst nach den ersten beiden Weltkriegen ein. Die Vorstellung vom »Kind als Besitz«, begründet in der Entwicklung des Patriarchats und dann später im industriellen Zeitalter durch die Entstehung der Kleinfamilie verfestigt, spielt allgemeingesellschaftlich und auch bei Adoptiveltern noch immer eine große Rolle.

Nun könnte man sagen: Wieso? Da sind Eltern oder eine Mutter, die sich nicht in der Lage fühlen, ein Kind großzuziehen, und da sind Eltern, die keine Kinder bekommen können, aber sich eines oder zwei »hinzuwünschen« – wo liegt das Problem? Das ist doch eine wunderbare Lösung. Hauptsache, das Kind hat Eltern, die sich um es sorgen, bei denen es aufwachsen kann.

Mit dieser Einstellung könnte man auch sagen: *Was ich nicht weiß, macht mich nicht heiß.* Mit dieser Einstellung könnte man auch sagen: *Besser, das Kind erfährt es nie.* Mit dieser Einstellung könnte man auch sagen: *Leihmutter – kein Problem,* oder, wenn ein Mann steril ist: *Es gibt ja schließlich auch Samenbanken.*

In meiner Problemaufstellung habe ich nicht die Vorstellung erwähnt, daß schon die vorgeburtliche Zeit eine Rolle spielt, daß wir in der Zeit der Schwangerschaft auch schon gewissen Einflüssen ausgesetzt sind. Es gibt zwar Forschungen zu diesem Thema, die aber nicht unumstritten sind; es würde den Rahmen sprengen, hier näher darauf einzugehen. Festhalten kann man aber, daß das Kind im Mutterleib mit seiner Mutter eng verbunden ist und daß eine Trennung von dieser Mutter ein Trauma ist, noch wesentlich schlimmer als das Trauma der Geburt selbst schon, das ja jeder als Trennung erleben und erleiden muß.

Dieses Trauma der frühen Trennung von der leiblichen Mutter erlebt jedes Adoptivkind, egal, wann es zu den Adoptiveltern kommt. Es ist nicht die gleiche Schwingung, es ist nicht die gleiche Stimme, es sind nicht die gleichen Bewegungen, das Kind kommt in eine neue Umgebung, es geschieht ein Bruch. In der Entwicklung des Kindes spielt sicher eine Rolle, wann dieser Bruch passiert, ob es vorher noch im Brutkasten, in einem Heim, bei anderen Menschen war.

Allen gemeinsam ist aber diese frühe Trennung. Dies geschieht meistens in der ersten psychosozialen Krise, in der es nach Erikson um *Vertrauen gegen Ur-Mißtrauen* geht. Für ein Kind im ersten Lebensjahr bedeutet Trennung vollständiges Weg-Sein, Sterben. Das Kind kann noch nichts verstehen. Das kleine Kind kann nie fassen, daß es weggeben worden ist, und selbst der Erwachsene wird es vielleicht rational verstehen, aber nie ganz verwinden können. Dieses tiefe Trauma bleibt, allenfalls kann man darum wissen, damit leben, damit umgehen. Wenn dieses Trauma später durch eine Situation von innen oder außen wieder heraufbeschworen wird, ist das ein Gefühl, so wird es von den mir bekannten Betroffenen beschrieben, als wenn sich der Boden auftut, ein Gefühl völliger Lähmung, Hilflosigkeit, Leere, von Sterben (und es führt auch manchmal zum Suizidversuch).

Nach der Trennung von der leiblichen Mutter treten neue Menschen in das Leben des Kindes. Und es kommt nun darauf an, wie diese Menschen, diese neuen Eltern, sind, wie sie mit dem Kind, mit dem Problem Adoption umgehen, wie das Kind nun aufwachsen kann.

Und hier kommen wir zu einem weiteren Problemfeld – zur Tabuisierung in Adoptivfamilien und den Problemen der Adoptiveltern. Warum wollen sie ein Kind? Wenn sie unfreiwillig kinderlos sind, was meistens der Fall ist, wie sind sie damit umgegangen? Welche Erwartungen haben sie? Welche Ängste haben sie? Wollen sie die Geschichte des Kindes auslöschen, beispielsweise indem sie möglichst wenige Informationen wissen wollen oder dem Kind einen neuen Vornamen geben? Wenn sie tabuisieren, wie findet das statt? Gegen solche Tabuisierungen ist niemand gefeit, auch ansonsten sehr nachdenkliche und wohlwollende Menschen nicht.

Und was ist mit dem Kind? *Das Adoptivkind.* Wann immer man den Ausdruck »Adoptierte« oder »erwachsene Adoptierte« benutzt, wird nachgefragt, während »Adoptivkind« jeder versteht. Adoptivkind bleibt man immer, ob jemand nun acht ist oder achtzig. Ich denke, das zeigt eine ganze Menge. Denn das Kind wird nicht gefragt. Über das Kind wird verfügt – von den leiblichen Müttern und Eltern, den Ämtern, den Adoptiveltern. Das Kind wird nicht gefragt.

Und das Kind, das das Trauma der frühen Trennung überlebt hat, richtet sich nach den Gegebenheiten. Es richtet sich nach den nonverbalen Botschaften seiner Adoptiveltern, nicht zu fragen oder nur bestimmte Sachen zu fragen. Es paßt sich an. Bestimmte Generationen unter uns kennen das noch von der sexuellen Aufklärung – man fragte nicht als Kind. Und zwar nicht etwa deshalb, weil man nicht interessiert war, sondern deshalb,weil man spürte, daß es besser war, nicht zu fragen.

Nun sind ja einmal erlebte Traumata nicht vorüber. Sie bleiben unterschwellig wirksam und zeigen sich immer wieder, in allen Lebenskrisen. Unbewußt gespeichert ist: *Ich bin nicht gewollt.* Ich bin weggegeben worden. Das Kind bezieht, was ihm wiederfährt, immer auf sich. Es denkt, bewußt oder unbewußt: *Ich bin schuld – etwas ist mit mir nicht in Ordnung.*

Es ist wichtig, wie die Adoptiveltern eingestellt sind. Sind sie bereit, eine Identität als Adoptiveltern zu finden mit all den Risiken und Auseinandersetzungen, die daran hängen, oder wollen sie eigentlich keine Adoptiveltern sein, sondern »richtige Eltern«? Werden sie dieses »Als-ob-Spiel« spielen, das Betty Jean Lifton in ihren Büchern beschrieben hat, oder wollen sie dem Kind und der Umwelt gegenüber offen und damit auch verletzlich sein?

Kirk hat in dem Buch »Shared Fate« Adoptiveltern mit Pionieren verglichen, denen nur ihre alten Normen und Kategorien zur Verfügung stehen und die sich nun im Neuland orientieren müssen. Wenn sie es schaffen, ihre Besonderheit als Adoptiveltern zu akzeptieren, kann dies zu einer tragenden, auf Liebe und nicht auf Besitzdenken basierenden Verbindung mit dem Kind führen.

Adoptiveltern wird mehr abverlangt als »normalen« Eltern. Sie bringen ihre eigene Geschichte mit, ihre unfreiwillige Kinderlosigkeit, durch die sie sich oft minderwertig fühlen. Sie müssen sich durch die steigende Diskrepanz von Angebot und Nachfrage einem aufreibenden Auswahlverfahren bei den Ämtern aussetzen und bringen – bewußt oder unbewußt – viele Ängste mit:

- in bezug auf die Anlagen des Kindes,
- in bezug auf ihre Fähigkeit, gute Eltern sein zu können,
- in bezug auf die Herkunftsfamilie, die Verwandten des Kindes (irrationale Ängste: »Wollen die mir das Kind wieder wegnehmen?«)
- Wenn das Kind groß ist, wird es die leibliche Mutter oder die leiblichen Eltern mehr lieben als uns, wird es uns verlassen?

Das Kind ist hin- und hergerissen zwischen zwei Extremen: Dem Trauma der frühen Trennung, dem Nicht-Gewollt-Sein, dem Weggegeben-Sein und dem Auserwählt-Sein, der Besonderheit. Noch sensibler als andere Kinder spürt es Tabuisierung und reagiert darauf. Es ist angewiesen auf die Liebe seiner Adoptiveltern, auf die Sicherheit, die sie ihm geben, denn es hat ja schon den Abgrund erlebt, überlebt.

Was heißt Tabuisierung in der Adoptivfamilie? Das fängt schon ganz früh an, zum Beispiel mit dem Verdrängen der Geschichte des Kindes, etwa indem keine Fotos der Mutter oder der Eltern aufbewahrt werden. Für mich gehört auch dazu, daß dem Kind ein anderer Name gegeben, ja sogar der ursprüngliche Name weggelassen oder die leibliche Mutter dazu veranlaßt wird, dem Kind keinen Namen zu geben, damit dies die Adoptiveltern tun können. Tabuisierung wird so auch von den Ämtern gefördert.

Die extremste Form der Tabuisierung ist, das Kind gar nicht über seine Adoption aufzuklären. Vor kurzem rief mich ein Mann an, der sich erkundigen wollte, ob es legitim ist, amtliche Papiere zu vernichten. Seine Tante, die schon über 80 Jahre alt ist, hat eine Adoptivtochter, die inzwischen 40 Jahre alt ist. Diese weiß bis dato nichts von ihrer Adoption, alle Gänge, die mit Papieren zusammenhängen, haben die Adoptiveltern ihr abgenommen, eine eventuelle Heirat zu verhindern gewußt, die Tochter lebt noch zu Hause. Dieser Mann wollte nun wissen, ob und wie es zu verhindern sei, daß die Tochter je von ihrer Adoption erfährt, wenn die Tante erst einmal gestorben ist. Er hatte, und das ist verständlich, große Angst davor, daß er dann derjenige sein müßte, der ihr dies mitteilt.

Bis vor 20 Jahren war es üblich, Kinder nicht über ihre Adoption aufzuklären, in den neuen Bundesländern bis in die jetzige Zeit hinein. Heute empfiehlt man einen anderen Umgang mit diesem Problem. Mit den Adoptivbewerbern werden Gespräche geführt, in denen eine Aufklärung über die Adoption empfohlen wird. Aber es bleibt bei der Empfehlung. Keiner weiß letztlich, ob die Adoptiveltern nun auch danach handeln, es gibt keine bindende Verpflichtung und auch keine Kontrolle. Dadurch ist nicht bekannt, ob, wie, wann die Adoptiveltern ihre Kinder über die Adoption aufklären.

Aber bleiben wir noch bei dieser extremsten Form der Tabuisierung, der Nichtaufklärung – mir selbst ist es so ergangen; und auch vielen anderen Betroffenen in der von mir gegründeten Selbsthilfegruppe oder Menschen, die mir geschrieben oder mich angerufen haben.

Ein altes Sprichwort sagt: »Was ich nicht weiß, macht mich nicht heiß.« Wenn es nun möglich wäre, daß jemand gar nichts über seine Adoption erführe, auch dann nicht, wenn die Adoptiveltern einmal sterben – wäre das nicht besser?

Dem kann ich entgegensetzen: Kinder spüren atmosphärisch »Familiengeheimnisse«, das kennen Sie sicher aus Ihrer eigenen Geschichte auch. Kinder spüren, etwas ist anders, spüren Unklarheiten, spüren Notlügen, die ja oft zu ganzen Geflechten werden, spüren, daß etwas nicht stimmt.

Sie fragen oder denken ihre Fragen im Geheimen, suchen nach Ähnlichkeiten. Und wenn sie nicht aufgeklärt werden, beziehen sie das, wie Kinder das immer tun (zum Beispiel auch bei Eheproblemen der Eltern), auf sich. Sie denken: »Etwas ist mit mir anders als bei anderen Kindern, etwas ist mit mir nicht in Ordnung.« In einem Interview sagte eine Adoptierte: »Ja, ich hatte immer als Kind das Gefühl, auch als ich es noch nicht wußte, daß bei mir irgendwas anders ist als bei den anderen. Und ich hatte immer das Gefühl, ja, zweite Wahl irgendwie zu sein, auch schon davor.«

Zusätzlich zu den anderen Problemen, die Adoptivkinder in ihrer Entwicklung bewältigen müssen, kommt dann der Schock, wenn sie erfahren, daß sie adoptiert sind. Dieses unklare Gefühl, daß etwas nicht stimmt, veranlaßt nämlich viele dazu, nach Antworten zu suchen, wie im Fall einer Frau aus der Selbsthilfegruppe, die als Achtjährige – sie konnte gerade lesen – ihre Adoptionsunterlagen fand. Dieser Impuls, etwas suchen zu müssen, kann sich bis in die Pubertät und die Adoleszenz hinein erstrecken. Und wenn sie nicht selbst aktiv suchen, dann erfahren sie es oft zufällig von dritter Seite.

Der Schock der Entdeckung kann das Hineinfallen in eine tiefe Krise bedeuten; und auch zu einer Krise oder sogar einem Bruch mit den Adoptiveltern führen, der nie wieder heilt und auch oft totgeschwiegen wird. Ich weiß von einer jungen Frau, die mit 10 Jahren ihre Unterlagen suchte und fand und so selbst herausgefunden hat, daß sie adoptiert ist, deren Adoptiveltern davon jedoch bis heute nichts wissen. Sie ist Ende 20, das Tabu besteht bis zum heutigen Tag.

Natürlich kann dieser Adoptionsschock im Alter der Pubertät und Adoleszenz zu einer tiefen Identitätskrise führen, sich psychisch und auch physisch, das heißt psychosomatisch auswirken. Mir sind Fälle bekannt von Stottern, Agoraphobie, psychosomatischen Krankheiten, frühem Alkohol- oder Drogenmißbrauch, zu früher Partnersuche mit früher ungewollter Schwangerschaft und darauf folgender Abtreibung.

Tabuisierung findet man in Adoptivfamilien in ganz unterschiedlichen Abstufungen:
– Das Verschweigen

- Die mythologische Geschichte des Auswählens:
  Hier können sich bei Kindern oft ganz seltsame Vorstellungen und Ängste entwickeln, wie zum Beispiel bei einer jungen Frau aus unserer Gruppe, der ihre Adoptiveltern erzählt hatten, sie hätten sie, als sie vier, fünf Jahre alt war, aus dem Säuglingsheim X ausgesucht und abgeholt. Sie erzählten ihr, da seien noch Brüder von ihr gewesen, die seien nach Amerika verschickt worden. Und weil in dieser Familie viele Pakete in den Osten geschickt wurden, entwickelte sie als Kind die Vorstellung, daß sie und ihre Brüder in Paketen gewesen seien, und die Angst, sie könnte von ihren Adoptiveltern auf diesem Weg wieder weggeschickt werden – nach Amerika, wie ihre Brüder.
- Die Teillüge: Die Mutter oder die Eltern seien (zum Beispiel bei einem Autounfall) ums Leben gekommen.
- Die einmalige Aufklärung: Das Kind wird zwar aufgeklärt, und auch zu dem vom Amt empfohlenen Zeitpunkt, es bleibt aber bei diesem einen Mal, und dem Kind wird indirekt vermittelt, daß weitere Gespräche oder Fragen nicht willkommen sind.

Im günstigsten Fall wird offen in der Familie mit dem Thema Adoption umgegangen, aber selbst dort wird Beunruhigendes verschwiegen, wie zum Beispiel die Anfrage erwachsener leiblicher Geschwister, die sich beim Amt nach ihrer adoptierten Schwester, ihrem adoptierten Bruder erkundigt haben. Eine Adoptierte sagte: »Am liebsten hätte ich gehabt, daß ich damit aufgewachsen wäre, so wie ab da, wo ich angefangen habe zu denken, Fragen zu stellen, daß es mir einfach so etwas Selbstverständliches gewesen wäre und ich trotzdem die Sicherheit in der Familie hätte behalten können.«

Weiterhin ist es sowohl für das Kind als auch für die Familie von Bedeutung, wie in ihrem sozialen Umfeld mit dem Thema umgegangen wird, wie die Gesellschaft damit umgeht. Es herrschen immer noch – sei es nun bewußt, teilbewußt oder unbewußt – Einstellungen wie »Blut ist dicker als Wasser«. Wir blicken auf eine Geschichte von Herrschaft, Macht, Besitz zurück. Kinder zu bekommen war (und ist) eine gesellschaftliche Norm, dazu nicht in der Lage zu sein, ein Makel. Adoptiveltern und Adoptierte begegnen in ihrer sozialen Umgebung sehr viel Unkenntnis und sehr vielen Vorurteilen: *Was soll denn da der Unterschied sein? – Wäre es nicht besser, das Kind erfährt es nie? – Kann das denn genauso sein wie ein leibliches Kind? – Was sind das doch für gute Menschen, die ›so‹ ein Kind zu sich nehmen.*

Als Adoptierter begegnet man auch oft neidvollen Einstellungen: *Es hat etwas von Exotik, wenn man seine Eltern nicht kennt. – Deine Adoptiveltern wollten Dich doch wenigstens wirklich. – Ich wäre froh, wenn meine Eltern nicht meine richtigen Eltern wären. – Was willst Du denn, Du bist doch mit so viel Liebe aufgewachsen, Du hattest doch alles, du solltest doch dankbar sein.*

Die Probleme und Ängste von Adoptiveltern sind oft sehr stark mit den Reaktionen der Umwelt verknüpft. Meistens handelt es sich ja um unfreiwillig kinderlose Paare – ein Phänomen, das in den westlichen Ländern im Ansteigen ist. Kinderlosigkeit gilt immer noch als Makel, kann ein Gefühl von Minderwertigkeit bewirken. Sie wissen, was viele unfreiwillig kinderlose Paare alles auf sich nehmen an Untersuchungen oder medizinischen Maßnahmen bis hin zu Samenbanken oder Retortenbabys oder Leihmutterschaft. Eines des extremsten Beispiele ist eine Frau, die das Kind von ihrer Tochter und deren Mann in ihrem Uterus austrug, so daß also die Großmutter ihr eigenes Enkelkind zur Welt brachte.

Dieser Wunsch nach einem Kind um jeden Preis kann übermächtig werden. Meist erst, wenn ganz klar ist, daß ein Paar keine eigenen Kinder bekommen kann, oder wenn es als sehr unwahrscheinlich erscheint, wird eine Adoption in Betracht gezogen.

Der zweite Problemkreis sind oft unbewußte Ängste in bezug auf die Anlagen des Kindes. Dies kann dazu führen, daß die Adoptiveltern die Geschichte des Kindes gar nicht genau wissen wollen oder sie nach der Adoption verdrängen. Es kann auch dazu führen, daß sie besonders hohe Erwartungen an das Kind haben. In einer Untersuchung an 28 adoptierten Kindern und Jugendlichen in den Jahren 1976 bis 1979 fanden Mitarbeiter der Kinder- und Jugendpsychiatrischen Abteilung der Freien Universität ein Erziehungsverhalten vor, das sie bei 25 von 28 Adoptivkindern folgendermaßen beurteilten:

– vermehrte Leistungsanforderung,
– überbesorgt, kontrollierend und einengend,
– emotional kühl, gesteigerte Kritik, abweisend,
– rigide, starr, streng,
– bevormundend, autoritär.

Im allgemeinen sind Adoptiveltern oft ängstlicher und einschränkender, strenger als biologische Eltern. Dies berichten übereinstimmend alle mir bislang bekannten Adoptierten. »Meine Mutter ist sehr ängstlich, also regt sich schnell auf, wenn man sich nicht abgemeldet hat, oder man ist zu einer bestimmten Uhrzeit nicht da, nennt mir auch überall die Gefahren und so, denen ich vielleicht ausgesetzt bin. Also ich empfinde es als überängstlich.« Die junge Frau, die das gesagt hat, lebte noch zu Hause und war bereits Anfang 20. In der Pubertät ist diese Tendenz zur Überbehütung besonders stark ausgeprägt und reicht, wie in dem obigen Beispiel, oft noch lange darüber hinaus.

Ich will noch etwas zur Auseinandersetzung von Adoptierten mit ihrer Geschichte vor der Adoption sagen, ihrer Entstehungsgeschichte, der Geschichte ihrer leiblichen Eltern, ihrem Ursprungsdrama.

Hier bestehen natürlich gravierende Unterschiede je nach dem Informationsgrad. Wenn man nichts oder wenig weiß oder mythische Geschichten zu hören bekommen hat, bleibt die Beschäftigung mit den leiblichen Eltern, sehr oft ist es ja erst einmal die Mutter, im Märchen- und Phantasiebereich. Da gibt es die Phantasie, die Mutter suchen zu gehen, oder den Wunschtraum, von ihr abgeholt zu werden.

Eine Frau aus der Selbsthilfegruppe, der mit 4 Jahren als Aufklärung über die Adoption das Buch »Als Englein vom Himmel fiel« vorgelesen wurde, sagte dazu: »Also ich habe weder das verstanden, noch die Geschichte meiner Mutter (Adoptivmutter), obwohl ich auch weiß, wo ich mich auch noch richtig erinnere, daß ich, da muß ich also so vier, fünf Jahre alt gewesen sein, daß ich die Phantasie hatte, daß irgendwann eine unheimlich schöne Frau im weißen Kleid kommt und mich abholt, und das ist dann meine richtige Mutter.« Diese Phantasien können idealisierend sein, wie eben geschildert, oder sie können mit Angst und Furcht durchtränkt sein – das entwickelt sich eher im Jugendlichenalter bis ins Erwachsenenalter hinein. Da gibt es dann die Befürchtungen, die leibliche Mutter sei Alkoholikerin oder in der Irrenanstalt oder hätte Selbstmord begangen.

»Ich hab' mir alle möglichen Phantasien immer gemacht über sie, zum Beispiel in der Zeit, als es mir schlecht ging, hab' ich gedacht, daß sie vielleicht irgendwo in einer Anstalt wäre und selber ... oder daß sie vielleicht tot wär', daß sie sich selbst umgebracht hat oder eines natürlichen Todes gestorben wäre.«

Wer von seiner Adoption weiß, muß sich ebenfalls mit der eigenen Geschichte vor und nach der Adoption auseinandersetzen, jedoch auf einer völlig anderen Ebene. Ich kann hier nach meinen Erfahrungen sagen, jegliches Wissen, auch wenn es denn schrecklich ist, ist besser als Nichtwissen.

Ein Mann aus der Selbsthilfegruppe sagte bei einer Fernsehdiskussion: »Aus dem Schatten erwächst die Gestalt. Das Kind hat Angst vor der Dunkelheit und niemals vor wirklichen Gestalten, auch wenn sie bös' gucken. Es ist immer nur das Numinose; in dem Moment, wenn ich auf sie zugehe, geschieht etwas ganz anderes.«

Soviel nun zu den Problemen im Zusammenhang mit Adoption und den Wurzeln von Identitätsproblemen bei Adoptierten. Welche Auswirkungen ergeben sich nun hieraus?

Durch die Trennung von der leiblichen Mutter muß bei Adoptivkindern von einer frühen Störung ausgegangen werden, die mehr oder weniger stark ausgeprägt sein kann (abhängig beispielsweise davon, wie lange ein eventueller Heimaufenthalt war). Es ist davon auszugehen, daß frühe Schädigungen in der Kindheit bei späteren Krisen in der Entwicklung der Persönlichkeit wieder neu aufbrechen und diese verstärken.

Viele Adoptierte litten als Kinder unter Ängsten. Eine Betroffene aus der Gruppe: »Ja, und ich war eben fürchterlich ängstlich als Kind. Ich hatte ganz starke Ängste, alleingelassen zu werden, und das war auch etwas, was ich überhaupt nicht kontrollieren konnte ...« Sie erinnerte sich an eine Szene, als sie mit sechs Jahren, als ihre Adoptiveltern nur einmal für eine halbe Stunde spazierengehen wollten, ihnen verzweifelt schreiend im Nachthemd über den Marktplatz hinterherrannte. Ein Adoptivvater aus der Gruppe berichtet von auffälliger Anhänglichkeit seines Adoptivsohnes, eine Adoptivmutter von Tendenzen ihrer Adoptivtochter, sich tief in sich zurückzuziehen, von starken Verlassenheits- und Isolationsgefühlen, wo sie ihr auch nicht helfen kann.

Oft bleibt die Beziehung gerade zur Adoptivmutter distanziert, wechselseitig beruhend auf der Erfahrung des Weggegebenseins beim Kind (Ängste, Wut) und der Unsicherheit in bezug auf die Mutterrolle bei der Adoptivmutter. Ein junge Frau schildert: »Und dann ist es auch noch so gewesen, daran kann ich mich nicht mehr erinnern, das wird mir bloß erzählt, daß ich eigentlich so, als ich in die Adoptivfamilie kam, mit allen Frauen in der Familie absolut nichts zu tun haben wollte, mich da gewehrt habe und geschrien habe und eben immer zu Männern wollte, und da denke ich heute, daß das damit zu erklären ist, daß 'ne Frau es war, die mich weggeben hat, und daß ich bei Frauen immer wieder die Angst habe, daß sie mich eben wieder verlassen.«

Nicht nur als Kinder leiden Adoptierte unter Verlassenheitsängsten, sondern auch als Erwachsene. Alle mir näher bekannten Adoptierten haben große Probleme mit Trennungen. Sie können sich auch aus unglücklichen Beziehungen oft nicht lösen oder erleiden bei Trennungen vom Partner schwerste Krisen oder haben Probleme, überhaupt Bindungen einzugehen. Einige Aussagen von Adoptierten: »Also ich denke, daß ich zum Beispiel so sehr stark Verlassenheitsängste habe und die eben überhaupt nicht spüren will, also ich gehe dann einfach den Weg, daß ich alleine bleibe und mich in Beziehungen nicht tief einlasse, sondern gerade immer so einlasse, daß morgen alles zu Ende sein könnte, das ist glaube ich das Gravierendste.« »Ich fühl' mich eigentlich immer ziemlich verlassen, einsam. Vielleicht wirkt sich das auch auf meine Beziehungen aus, daß es mir sehr schwerfällt, mich von Menschen zu trennen.«

Ein Adoptierter aus der Selbsthilfegruppe, der erst mit Anfang 30 erfuhr, daß er adoptiert ist, lag nach der Trennung von seiner ersten großen Liebe mit neunzehn, zwanzig Jahren ein Jahr lang nur im Bett und wollte nicht mehr leben. Er wußte nicht, was mit ihm los ist, seine verzweifelten Adoptiveltern waren hilflos.

Erik H. Erikson sagt zu der ersten phasenspezifischen Krise im ersten Lebensjahr – *Vertrauen gegen Ur-Mißtrauen*: »Aber selbst unter den günstigsten Umständen scheint diese Phase ein Gefühl innerer Spaltung und einer allumfassenden Sehnsucht nach einem verlorenen Paradies in das Seelenleben einzuführen (ein Gefühl, das geradezu prototypisch dafür wird). Gegen diese machtvolle Kombination des Gefühls, beraubt zu sein, gespalten zu sein und verlassen zu sein, muß sich das Urvertrauen ein ganzes Leben lang aufrechterhalten.«

Betty Jean Lifton berichte in ihrem Buch »Adoption«, daß Untersuchungen in den USA zeigen, daß adoptierte Kinder und Jugendliche häufiger in psychiatrischen und therapeutischen Einrichtungen vorgestellt werden, als es ihrem prozentualen Anteil an der Gesamtbevölkerung entspricht. In der Bundesrepublik sind mir leider keine vergleichbaren repräsentativen Untersuchungen bekannt.

Inzwischen erwachsene Adoptierte berichten aus ihrer Kindheit und Jugend von starken Minderwertigkeitsgefühlen, dem Gefühl, irgendwie zweite Wahl zu sein, oder auch dem Gefühl, anders zu sein als die anderen, von Einsamkeitsgefühlen, von wenig körperlichem Kontakt mit der Adoptivmutter, den Adoptiveltern, von übergroßer Anpassung, Bettnässen, Sprachstörungen, starken Selbstzweifeln, vermehrtem Leistungsanspruch und weiteren Problemen.

Allen gemeinsam scheint zu sein, daß die Auswirkungen des Konflikts von Adoptierten in der Zeit der Pubertät und Adoleszenz eine krisenhafte, oft dramatische Zuspitzung erfahren.

Erikson, der in dieser Entwicklungsphase die Problematik *Identität gegen Rollenkonfusion* vorherrschen sieht, spricht von dieser Zeit als »normativer Krise«. Er sagt: »Die Integration, die nun in der Form der Ich-Identität stattfindet, ist mehr als die Summe der Kindheitsidentifikationen. Sie ist das innere Kapital, das zuvor in den Erfahrungen einander folgender Entwicklungsstufen angesammelt wurde, wenn eine erfolgreiche Identifikation zu einer erfolgreichen Ausrichtung der Grundtriebe des Individuums auf seine Begabung und seine Chancen geführt hat.«

Eine Adoptierte aus der Selbsthilfegruppe, die inmitten dieser Krise, mit sechzehn Jahren, schon von zu Hause auszug, litt danach unter Agoraphobie und begann schon früh mit einer psychoanalytischen Therapie. Zwei Frauen aus der Gruppe sind sehr früh schwanger geworden (übrigens zur gleichen Zeit wie jeweils ihre leiblichen Mütter mit ihnen schwanger waren) und hatten Schwangerschaftsabbrüche.

Es kamen ferner Probleme mit Alkohol-, Drogen-, Tablettenmißbrauch vor, frühe Auszüge, Angst, verrückt zu werden, psychosomatische Reaktionen wie chronische Gastritis, Depression, Probleme in der Schule, überhaupt Probleme mit der Lebensorientierung. »Ich hab' halt unheimlich viel getrunken als Jugendliche, bin auch dann tatsächlich nachts nicht mehr nach Hause gekommen und so Sachen.«

Es scheint so zu sein, daß es bei Adoptierten zwei Möglichkeiten gibt – in dieser Zeit der Pubertät und Adoleszenz besonders –, auf die Adoptionsproblematik zu reagieren. Bei den einen äußern sich die Probleme mehr in offener Rebellion, Wegbleiben, Auszug etc. Die anderen versuchen sich anzupassen an die Erwartungen und neigen dann eher zur Flucht in psychosomatische Krankheiten, schlagen sich mit vermehrten Leistungsforderungen herum und flüchten nach innen. Oft kommen in dieser Zeit, es handelt sich ja um einige Jahre, beide Reaktionsweisen vor.

In den mir bekannten Fällen war das Verhältnis zu den Adoptiveltern zumeist gestört durch starke Tabuisierungstendenzen in der Familie, den Vertrauensbruch durch die viel zu späte oder selbst herausgefundene Aufklärung über den Adoptionsstatus, durch allgemeine Erziehungsfehler der Adoptiveltern.

Bei erwachsenen Menschen konzentrieren sich die durch die Adoption bedingten Identitätsprobleme sehr stark auf den Beziehungsbereich. Hierbei spielen eine Rolle Trennungsängste, Bindungsängste, falsche Partnerwahl, der Rollenentwurf als Mann oder Frau, daß heißt potentiell Vater oder Mutter sein zu können, eine Familie zu gründen. Auch Probleme, beruflich den Weg zu finden, sich zu orientieren, sich entscheiden zu können, kommen vor. Die Biographien von den mir bekannten Adoptierten sind nicht geradlinig verlaufen. Es gab Brüche im Leben, tiefe Krisen, Trennungen, Suizidversuche.

In einem Gespräch mit Betty Jean Lifton sagte Erik H. Erikson einmal: »Ich frage mich, ob wir von Adoptierten als von einer neuen Spezies sprechen können.« Es ist ein ganz spezielles »Auf der Suche sein ...« „.«.. daß ich immer das Gefühl habe, ich bin ruhelos, rastlos, immer auf der Suche nach irgendwas, auch nach Sachen, die, wie soll ich das jetzt sagen, die so meine Identifikation oder mich selber betreffen ...« (Zitat einer Frau aus der Selbsthilfegruppe).

Der Weg zur Bewältigung von psychischen Problemen beginnt bei allen Menschen damit, sich mit der eigenen Geschichte auseinanderzusetzen, mit sich allein, im Gespräch mit anderen Menschen, mit Hilfe von professioneller Beratung und Unterstützung in Form von Psychotherapie.

Die meisten aus der Selbsthilfegruppe »Wurzeln und Flügel« und auch sonst viele mir bekannte Adoptierte sind diesen Weg gegangen oder sind noch dabei und haben dies übereinstimmend als sehr unterstützend bei der Beschäftigung mit ihrer Biographie gefunden.

Zwei weitere wichtige Schritte zur Bewältigung der speziellen Adoptionsproblematik sind die Teilnahme an einer Selbsthilfegruppe und die Suche nach den leiblichen Eltern und Verwandten. Die Erfahrungen und Erlebnisse in einer Selbsthilfegruppe, das gegenseitige Sich-Verstehen und Vertrauen-Können sind eine große Hilfe und Entlastung. Das Gespräch mit anderen Adoptierten ist häufig der erste Schritt aus der Isolation. Der Austausch mit Betroffenen trägt viel zur Klärung von eigenen Ängsten und Vorbehalten, Bedürfnissen und Wünschen bei. Bei der Suche nach der Herkunftsfamilie stützen und unterstützen die Mitglieder der Gruppe sich gegenseitig.

Die direkte Suche nach der Herkunftsfamilie schließlich ist der mehr oder weniger langwierige, aber immer lohnende Versuch, die Nebel zu lichten ...

Frau S.*

»... keine Muttergefühle im herkömmlichen Sinne ...«

Bott: Wir haben uns kennengelernt, als Sie auf der Suche nach einer Selbsthilfe-Gruppe waren. Ich erinnere noch, daß Sie vergeblich versucht haben, etwas über Ihre Tochter zu erfahren. Und daß Sie damals nicht wußten, ob die Ablehnung von Kontakten oder überhaupt von Informationen von Ihrer Tochter ausging oder von den Adoptiveltern.

Frau S.: Die Tochter hat dann selbst einen Brief an die Adoptionsstelle geschrieben, in dem sie ganz entschieden einen Kontakt zu »so einer Frau, die nach über zwanzig Jahren Muttergefühle entdeckt«, ablehnt. Es ist nur eine kurze Mitteilung, sehr schroff, sehr ablehnend ... Nun weiß ich nicht, inwieweit sie unter dem Einfluß ihrer Adoptionseltern so schreibt. Die Tochter lebt noch im Hause ihrer Adoptionseltern.

Bott: Wie alt ist ihre Tochter jetzt?

Frau S.: Sie ist jetzt dreiundzwanzig Jahre alt und könnte, da sie meinen Namen kennt, jederzeit bei mir anrufen oder mir schreiben. Aber bisher ist nichts dergleichen geschehen. Nun habe ich leider keine Gelegenheit, ihr zu sagen, welcher Art diese Gefühle sind, die ich für sie empfinde. Ich habe dieses Kind geboren. Aber das, was meiner Meinung nach Muttergefühle entstehen läßt, ein Kind liebevoll zu begleiten, es aufzuziehen, sich zu kümmern und so weiter, das habe ich ja gerade nicht gemacht. Insofern sind es keine Muttergefühle im herkömmlichen Sinne, die ich

---

* Das Gespräch mit Frau S., die anonym bleiben möchte, fand am 30.11.1992 statt und wurde für die Veröffenlichung leicht überarbeitet und gekürzt.

für dieses Kind empfinde. Und dennoch sind für sie ganz besondere Gefühle in mir vorhanden.

Bott: Wie war Ihnen zumute, als Sie den Brief lasen? ...

Frau S.: In dem Moment war ich schon geschockt, so viel Ablehnung ... Und gar nicht mal die Möglichkeit in Aussicht gestellt, daß sie es sich zu einem späteren Zeitpunkt einmal anders überlegt ... Ich habe daraufhin nochmal einen Brief in der Adoptionsstelle hinterlegt, weil ich das so nicht unbeantwortet lassen wollte.

Ich nehme an, daß die Adoptiveltern nicht gerade positiv über mich gesprochen haben. Sie haben nichts aus meiner Akte, die ja beim Jugendamt liegt, angefordert, es war alles so, wie damals und auch die Art der Kontaktablehnung deutet für mich darauf hin.

Vielleicht ist da eine Parallele zu meinem Charakter. Denn als ich das Kind zur Adoption gab, war ich ihm gegenüber ja auch ablehnend. Zu der Zeit, als ich sie zur Adoption gegeben habe, war ich auch noch so ... sehr eindeutig.

Ich habe dieses Kind aus meiner damaligen, von mir als desolat empfundenen Situation heraus ganz bewußt zur Adoption gegeben. Nachdem ich diesen Entschluß gefaßt hatte, hätte mich, glaube ich, niemand mehr umstimmen können. Allerdings hat auch niemand ernsthaft den Versuch gemacht ...

Bott: Solche Gespräche hat es nicht gegeben ...?

Frau S.: Nein, ich hatte ein kurzes Gespräch mit der Sozialarbeiterin in der Adoptionsstelle, die meinte, ich solle mir mein Anliegen nochmal überlegen, und gab mir drei bis vier Wochen Bedenkzeit.

Bott: Das war vor der Geburt Ihrer Tochter?

Frau S.: Das war vor der Geburt. Ich ging vor der Geburt zur Adoptionsstelle und habe mein Anliegen, das Kind gleich nach der Geburt zur Adoption geben zu wollen, vorgebracht.

Bott: Und dann sind Sie nach vier Wochen wieder hin?

Frau S.: Ich bin wieder hingegangen, nach wie vor zu dem Schritt entschlossen. Die Sozialarbeiterin freute sich darüber, daß ein gesunder Säugling zu erwarten war, den sie vermitteln konnte an adoptionswillige Eltern, die da Schlange stehen. Das war tatsächlich so, die hat sich wirklich gefreut. Sie hatte schon ein Elternpaar ausgewählt und beruhigte mich in der Hinsicht, daß ich ganz sicher sein könne, daß das Kind in eine gute Familie kommen werde, was immer das heißt.

Bott: Wurde Ihnen über die Familie etwas erzählt?

Frau S.: Ja, in kurzen Stichworten, Beruf und damalige Lebenssituation der Familie.

Ich habe jetzt mal nachgefragt, ob es dann tatsächlich auch so gekommen ist, wir mir so erzählt wurde, versprochen wurde. Ja, das war so, es ist so ...

Und dann diese Redewendung, daß man ... ich war ja noch jung, zweiundzwanzig Jahre alt, daß man ohne weiteres noch mehr Kinder bekommen kann ... ich könnte diesen Schritt immer wieder gutmachen, aber das ist eben nicht der Fall, in keinem Fall. Auch wenn ich noch drei, vier, fünf Kinder bekommen hätte ... Dieser Verlust des einen Kindes ist nicht ersetzbar.

Bott: Haben Sie damals mit dem Vater des Kindes gesprochen?

Frau S.: Ja, das habe ich. Aber diese Entscheidung war unabhängig von ihm. Ich hatte mich schon vorher von dem Mann getrennt, mit ihm wollte ich keine gemeinsame Zukunft haben.

Bott: War er einverstanden oder abwehrend oder ...?

Frau S.: Er hat das nicht recht verstanden, hatte aber auch keine Alternativen zu diesem Schritt. Ich wollte auch mit diesem Mann nichts mehr zu tun haben, überhaupt nichts. Vielleicht war das auch so ein ausschlaggebender Punkt, der zur Weggabe des Kindes geführt hat, daß ich die Ablehnung, die ich dem Mann gegenüber empfand, mit auf das Kind übertragen habe.

Bei dieser Entscheidung, das Kind zur Adoption zu geben, gab es für mich keine innere Alternative. Das war nicht nur ein materielles Problem. Ich hatte schon eine Berufsausbildung. Vom Finanziellen her gesehen hätte ich das Kind aufziehen können, trotzdem habe ich diese Möglichkeit nicht gesehen. In mir waren Gedanken aktiv wie: Das wird nicht gutgehen, das schaffe ich nie, was soll daraus werden ... Und die Möglichkeiten, die sich mir damals boten, fand ich nicht akzeptabel ...

Bott: Mit Kinderkrippe und Kindergarten ...

Frau S.: Ja, Kinderkrippe ... Ich dachte, ein Kind kann sich dort nicht gut entwickeln. Ein Kind gehört in eine Familie. So waren meine Vorstellungen damals.

Bott: Neben der Tatsache, daß Sie mit dem Mann keine Zukunft für sich sahen, konnten Sie sich selbst nicht als Mutter vorstellen?

Frau S.: Überhaupt nicht. Zu dem Zeitpunkt der Schwangerschaft hatte ich gerade eine zusätzliche Berufsausbildung begonnen. Der Gedanke bzw. die Tatsache, daß ich Mutter werden sollte, paßte gar nicht in mein damaliges Lebensgefühl und Konzept.

Ich hatte auch den Wunsch, das Kind abzutreiben ...

Bott: Aber Abtreibung war damals ...

Frau S.: Ja, das war damals noch sehr schwierig. Aber ich bin es auch nicht konsequent angegangen. Habe mich nur halbherzig und relativ spät darum bemüht. Zunächst war ich nach der Feststellung der Schwangerschaft tatsächlich wie gelähmt. Zum anderen war ich auch noch recht befangen in meiner religiösen Erziehung. Abtreiben war damals für mich noch etwas ziemlich Verbotenes. Schließlich blieb es bei den halbherzigen Versuchen, und ich fügte mich in »mein Schicksal«, ein ungewolltes Kind zu bekommen.

Bott: Und Sie haben die Schwangerschaft vor Ihrer Familie verheimlicht?

Frau S.: Ja, zur Zeit der Schwangerschaft hatte ich keinen Kontakt zu meiner Familie. Bis auf einen meiner Brüder, mit dem stand ich in Verbindung, der wußte davon. Ich weiß nicht, ob er mal was erzählt hat, ich habe mit ihm nie wieder darüber gesprochen ...

Bott: Ihr Bruder wußte, daß Sie das Kind zur Adoption geben wollten ...?

Frau S.: Er wußte das. Konnte oder wollte mir nicht anders raten. Er hat das so akzeptiert. Das liegt vielleicht auch daran, daß wir vier Kinder ... jeder hat so seinen Lebensweg selber gesucht, gefunden und durchgestanden. Und niemand redet dem anderen herein.

Bott: Über Probleme und Unsicherheiten, was man machen soll, richtig findet oder nicht, wird nicht gesprochen, darüber redet man nicht ...

Frau S.: Ja. Außer mit meinem Bruder hatte ich zur Zeit der Schwangerschaft keinen Kontakt zur Familie. Ich hatte mich da zerstritten, ich bin mit Krach von Zuhause weg ... »Ich komm' hier nie wieder her!« ...

Und die Eltern ihrerseits haben auch nicht versucht, einen Kontakt wiederherzustellen.

Bott: Wie alt waren Sie da?

Frau S.: Da war ich einundzwanzig Jahre alt ... Und war dann ziemlich isoliert. Unter gar keinen Umständen hätte ich mich, jetzt schwanger, hilfesuchend an die Eltern gewendet.

Bott: Und Sie haben jahrelang mit niemandem darüber geredet?

Frau S.: Mit niemandem. Ich hab' das so unter Verschluß gehabt... Ein uneheliches Kind gehörte nicht in unsere Familienvorstellung. Und daran habe ich mich irgendwie gehalten.

Ich habe mich geschämt, eben doch »so ein Mädchen zu sein«. So hielt ich die Schwangerschaft so geheim wie es eben ging, zog mich völlig zurück ... Die Notsituation war eben auch die Isolation, von mir mehr oder weniger selbst gewählt, aber zu der Zeit hatte ich niemanden, mit dem ich mich austauschen konnte, Zukunftsfragen besprechen ...

Nach der Unterschrift beim Notar, mit der ich endgültig die Adoption des Kindes besiegelte, versuchte ich Schwangerschaft und Geburt zu verdrängen. Das führte auch dazu, daß ich mich niemals mehr beim Jugendamt gemeldet habe, um mich nach dem Kind zu erkundigen. Aber die Verdrängung funktionierte nicht. Immer habe ich an das Kind gedacht. Nur, ich habe nie etwas Konkretes unternommen ...

Bott: Ist Ihnen das damals angeboten worden?

Frau S.: Nein, das wurde nicht angeboten. Gesagt wurde mir damals, daß die Adoption ein unwiderruflich endgültiger Schritt ist, daß ich keinerlei weitere Informationen über das Kind bekommen werde. So hatte ich verinnerlicht, daß ich auch überhaupt kein Recht dazu habe, nachzufragen, wie es dem Kind geht.

Im Laufe der Jahre hatte ich schon den Wunsch gehabt zu wissen, wie es dem Mädchen geht, wie es sich entwickkelt, wie es aussieht, ob es sich wohlfühlt und so weiter. – Und immer wieder »die Bremsschaltung« in mir, – Nein, das kann ich nicht machen, mich einfach so melden, nach x Jahren. Weil, so dachte ich mir, mit dieser Anfrage könnte ich das Kind vielleicht in Konflikte stürzen. So habe ich das also unterlassen. Aber das Denken an das Kind war und ist permanent vorhanden – ständig präsent. Also keinesfalls so: Abgeben und vergessen.

In all den Jahren, immer wenn ich so junge Mädchen in ihrem jeweiligen Alter sehe, gucke und denke ich: ob sie wohl so oder so aussieht ...

Bott: Sie haben später geheiratet und Ihrem Mann anfänglich auch nichts davon gesagt?

Frau S.: Doch, das war so ziemlich das erste, was ich ihm von mir erzählte. Das fand ich ganz wichtig. Ich wollte einen Mann, der das akzeptieren, zumindest tolerieren kann. Im Laufe der Ehe haben wir dieses Thema vielleicht zweimal angetippt. Ich war unfähig, darüber zu sprechen, sofort kamen mir Tränen. Da hätte ich schon hellhörig werden müssen, merken müssen, daß ich überhaupt nichts von diesem Thema verarbeitet habe. Statt dessen habe ich nur registriert, es macht mich traurig, wenn ich darüber spreche, also spreche ich weiterhin nicht darüber.

Und dann gab es eine große Krise in meinem Leben, die mich in allen Bereichen erfaßte. Ehe, berufliche Situation, ideelle Werte, ein Erdrutsch ... Und genau in dieser Zeit drängte sich die von mir so unter Verschluß gehaltene Adoptionsgeschichte mit aller Macht in den Vordergrund. So stark, daß ich unbedingt etwas unternehmen mußte.

Bott: Das haben Sie schon gespürt, daß die Adoption dabei ganz wichtig ist ...

Frau S.: Ja, das war ganz deutlich. Daraufhin habe ich Gespräche zu dieser Thematik gesucht, habe versucht, Kontakt aufzunehmen zu dem Kind, und ich wollte andere Frauen kennenlernen, die in der gleichen Situation sind. Ein erster Versuch, eine Selbsthilfegruppe zu initiieren, blieb erfolglos. Seit einem Jahr besteht jetzt eine Gruppe. Und das ist eine wunderbare Erfahrung, sich mit gleichermaßen betroffenen Frauen auszutauschen, und wie jede versucht, mit dieser Thematik zurechtzukommen. Aber irgendwie funktioniert das nicht, wir kommen nicht richtig zurecht damit...

Nun weiß ich nicht, inwieweit ich mir selbst das Leben damit schwermache. Gäbe es in unserer Gesellschaft ein anderes Familienverständnis, müßte ich mich vielleicht nicht so belastet fühlen durch die Adoption.

Wir haben dieses Verständnis der heilen Kleinfamilie in uns – und zu der Zeit, als ich mein Kind zur Adoption gab, hatte ich das ganz besonders –, und so taucht bei mir die Frage auf, inwieweit das jetzt ein Außenbild ist, das ich verinnerlicht habe, dem ich nicht entspreche, nicht entsprochen habe. Denn wenn gesellschaftlich nichts daran auszusetzen wäre, ein Kind zur Adoption zu geben, wenn es eine von allen Seiten anerkannte Möglichkeit wäre, etwa so, wie Kinder aus geschiedenen Ehen auch »neue« Eltern bekommen, dann ist es denkbar, daß es der Frau, die abgibt, nicht so schlecht damit geht.

Bott: Und als es Ihnen so schlecht ging, da sind Sie in eine Therapie gegangen ...?

Frau S.: Ja, ich bin zu einer Therapeutin gegangen mit der Idee, mir mehr Klarheit in diesem Punkt für mich zu verschaffen. Das Auffallende daran war, daß das Thema Adoption drei bis vier Stunden aktuell war, dann nur noch sporadisch. Sehr schnell waren wir bei meiner eigenen Kindheit und da bin ich heute noch ...

Bott: .. am Arbeiten?

Frau S.: Ja, das ist überhaupt nicht ausgestanden, da bin ich so blockiert, da muß etwas vorgefallen sein, was ich nicht mehr weiß ...

Bott: ... Und was Sie auch nicht mehr in Ihre Erinnerung bekommen?

Frau S.: Ja, was ich nicht erinnere.

Möglich ist, daß die Entscheidung, das Kind zur Adoption zu geben, auch ein tieferliegendes Problem in mir ist. Zum Beispiel derart, daß ich selbst kein erwünschtes Kind war und daß ich unbewußt ähnlich wie meine Mutter gefühlt habe ... Ich habe nur konsequenter gehandelt ...

Früher habe ich immer gesagt, ich hab' ne tolle Kindheit gehabt. Das wollte ich gerne, aber so war es gar nicht, da komme ich erst jetzt dahinter ... Das ist alles so vielschichtig, ich kann das nicht recht sortieren, ich bin noch immer mitten in dieser Betroffenheit, ich hab noch keinen Abstand dazu ...

Ich habe bisher immer sehr viel verdrängt, bis zu einem gewissen Grade, wie ich jetzt kennengelernt habe.

Bott: Das Referat von Frau Scholz »Zur Identitätsproblematik von Adoptierten« hat Sie überrascht. Sie hatten so das Gefühl, das Kind lebt in einer Familie, da ist alles in Ordnung und ...

Frau S.: Ja, so hatte ich mir das vorgestellt. Ich habe mir vorgestellt, das Kind fragt zwar mal nach seiner Herkunftsfamilie, ist vielleicht neugierig, wer seine leiblichen Eltern sind, aber es weiß, daß es ganz zu seiner Adoptionsfamilie gehört.

Ich habe mir bisher nicht vorstellen können, daß die Adoption eine so dramatische Verletzung für das Kind bedeutet. Mir war nicht bewußt, daß das Adoptionskind so große Identitätsprobleme haben kann. Bisher dachte ich, ein Kind erhält seine Identität in der Familie, in der es aufwächst. Daß eine Identitätsfindung schwierig ist, wenn ältere Kinder adoptiert werden, ist mir schon einleuchtend. Um so wichtiger finde ich es, daß eine Änderung in dieser Beziehungsdramatik passiert.

Kürzlich hatten wir, die Gruppe der abgebenden Mütter, eine Begegnung mit einer Gruppe Adoptiveltern. Sehr auf-geschlossene Adoptiveltern, die von sich aus versuchen, einen Kontakt zu den abgebenden Müttern herzustellen, ihre adoptierten Kinder schon so früh wie möglich wissen lassen, daß sie adoptiert sind. Aber auch in diesem aufge-schlossenen Adoptivelternkreis wollten die meisten Adop-tionsbewerber dem Kind einen anderen Namen geben, das ist für sie ganz wichtig ...

Bott: Wie ist das bei Ihrer Tochter?

Frau S.: Ich hatte einen Riesenschock, als ich den Vorna-men meines Kindes erfuhr, der Name, den ich ihr gegeben habe, existiert nicht mehr ...

Nochmal zu dem Treffen: Es gab beiderseits große Be-rührungsängste. Trotzdem möchten wir uns noch einmal treffen und dazu Sozialarbeiterinnen der Adoptionsstellen einladen. Mehrfach kam zum Ausdruck, daß die Sozialar-beiterinnen, zumindest früher, oftmals hinderlich waren in der gegenseitigen Kontaktaufnahme.

Bott: Sie sind damals so ganz aus eigener Idee zum Jugendamt gegangen, oder war das eine Empfehlung von der Therapeutin?

Frau S.: Das kam aus eigenem Antrieb, noch bevor ich eine Therapeutin aufsuchte. Das war anläßlich des 21. Geburtstages des Kindes. Das war ein ganz besonderes Datum für mich. Jetzt ist sie erwachsen, habe ich gedacht, jedenfalls alt genug, um sich durch einen Brief von ihrer Herkunftsmutter nicht allzusehr irritieren zu lassen. Das war ungefähr der Zeitpunkt meiner Schwangerschaft mit ihr, und ich dachte, daß sie möglicherweise in eine ähnliche Situation kommen kann. So habe ich bis zu ihrem 21. Geburtstag gewartet.

Bott: Die Idee hatten Sie also schon seit längerem?

Frau S.: Die Idee hatte ich schon seit Jahren. Aber ich habe gewartet bis ich meinte, daß sie erwachsen ist. Ich hatte den Gedanken, daß sie jetzt vielleicht Fragen hat, die ich ihr beantworten kann. Dabei habe ich nicht absehen können, welche Lawine das bei mir auslöste ...

Bott: Ihnen ging es dann, nachdem Sie diese Anfrage beim Jugendamt gemacht hatten, sehr schlecht?!

Frau S.: Ja, sehr. Hundeelend, depressiv. Das ging an meine Substanz, an meine Wurzeln im wahrsten Sinne des Wortes.

Bott: Da war es unausweichlich gemacht, weil Sie vorhin auch betont haben, daß Sie viel verdrängt haben ...

Frau S.: ... Ja, jetzt will ich keine Verdrängung mehr, will mich mit dieser Thematik auseinandersetzen und auch lernen, meine bisher unterdrückten Gefühle, wie Trauer und Schmerz darüber, daß ich es damals nicht verstand, für mein Kind anders zu sorgen, zuzulassen und zu akzeptieren.

Wie ich lerne, besser damit umzugehen, das merke ich, indem ich darüber spreche. Es ist so, als ob ich das erstmal üben muß ... das funktioniert ganz gut, es geht nur leider nicht so schnell...

Auf jeden Fall möchte ich daran arbeiten, daß diese Problematik nicht mehr tabuisiert wird. Deshalb ist mir die Selbsthilfegruppe und unsere Öffentlichkeitsarbeit so wichtig.

Unser Diskussionsstand

1. Die klassische Inkognito-Säuglingsadoption ist mit allen Mitteln *zu verhindern,* keinesfalls zu fördern!

2. Das Wichtigste scheint uns zu sein, daß alle Frauen, die ein Kind zur Adoption geben, in einer Notsituation handeln. Denkbar ist, daß, wenn sich diese Notsituation ändert, sich wahrscheinlich auch ihre Entscheidung, das Kind zur Adoption geben zu wollen, ändert.

3. Es ist darauf zu achten, daß die *Notlage,* in der sich die Frau befindet, die ein Kind zur Adoption geben möchte, nicht zugunsten kinderloser Eltern ausgenutzt wird! Es ist sittenwidrig, sich einen Vorteil aus der Notlage eines anderen Menschen zu verschaffen.

4. Die Frau muß darüber in Kenntnis gesetzt werden, daß sie die Adoption ihres Kindes nie verwinden wird! Daß es keinen Ersatz dafür gibt, daß es keinen sogenannten Neuanfang gibt, daß sie mit schlimmsten Depressionen zu rechnen hat!

5. Eine Frau, die ihr Kind zur Adoption geben möchte, ist über den Gesamtvorgang mit allen daraus resultierenden Folgen, insbesondere den rechtlichen, umfassend zu beraten, auch in schriftlicher Form. Sie sollte persönlich ein Merkblatt erhalten.

6. Das Erstgespräch zur Adoption ist unabhängig von der Adoptionsstelle zu führen, bei in dieser Frage neutraleren Beratungsstellen, Gesprächskontakte mit Selbsthilfegruppen sind zu vermitteln. Alle Möglichkeiten, die es gibt, damit die Frau ihr Kind behalten kann, sollten hierbei ausgeschöpft werden!

7. Befindet sich eine Frau in einer Not- und Krisensituation während der Schwangerschaft, sollte sie einen An-

spruch auf Unterstützung erhalten (psychologische Betreuung, eine Person ihres Vertrauens).

8. Kommt es dennoch zur Adoption, ist der leiblichen Mutter ein wesentlich längerer Entscheidungsraum als die 8-Wochen-Frist einzuräumen. Das ist ein Gesetz für die Adoptionseltern. Sie wollen möglichst schnell eine Sicherheit, ungeachtet der Lebenssituation der abgebenden Frau.

9. Die leibliche Mutter ist am Entscheidungsprozeß, in welcher Form die Adoption geschehen soll (halboffen/ offen), zu beteiligen. Es ist eine Form zu finden, die sie ein *Leben lang* mitzutragen imstande ist.

10. Die Herkunftsmutter sollte an der Entwicklung des Kindes teilhaben, zum Beispiel durch Briefe, Bilder, persönliche Kontakte und so weiter. Und zwar als *verbindliche* Vorschrift für die Adoptionseltern wie auch umgekehrt die Herkunftsmutter sich verpflichtet, über sich und ihr Leben zu berichten.

   Dadurch entsteht Offenheit zwischen der gebenden und nehmenden Seite, und Berührungsängste entstehen erst gar nicht. Vor allem die Ängstlichkeit der Adoptiveltern: Was ist, wenn die Herkunftsmutter auftaucht, sie nimmt mir möglicherweise mein Kind weg, entfällt oder wird entkräftet.

11. Der Vorname, den die leibliche Mutter ihrem Kind gegeben hat, ist beizubehalten!

12. Die gängige sprachliche Regelung,«ein Kind zur Adoption freigeben«, empfinden wir als schrecklich, das klingt nach »vogelfrei«. Ein Kind »zur Adoption geben« ist ausreichend, um den Tatsachenstand zu beschreiben.

13. Wir Frauen machen uns das Leben sehr schwer in dieser Frage. Was ist mit den abgebenden Vätern? Kein Mensch redet von einem bösen Rabenvater.

14. Ein Kind zur Adoption gegeben zu haben bedeutet eine offene Wunde für die Frau. Diese Wunde macht sie besonders schutzbedürftig und hilflos gegenüber Dis-

kriminierungen. Daß diese Wunde ein Leben lang anhält, zeigt auch das Beispiel Astrid Lindgren. Erst anläßlich ihres 85. Geburtstages ging sie mit dem »Geständnis«, ein Kind zur Adoption gegeben zu haben, in die Öffentlichkeit.

15. Wir wünschen uns eine verbesserte Öffentlichkeitsarbeit in dem Sinne, daß eine Frau, die sich zur Adoption ihres Kindes entschieden hat, nicht als gewissenloses, egoistisches Luder diffamiert wird.

Das Adoptionsgeschehen aus der Sicht einer Adoptivmutter

Gehöre ich in dieses Buch? Ich habe drei Kinder, zwei von ihnen sind angenommen. Meine Kinder sind 10, 6 und 4 Jahre alt.

Meist gerät die Zeit vor der Adoption für Adoptiveltern in Vergessenheit, einfach weil sie (endlich!) vorbei ist, weil es meist eine unangenehme Zeit war. Mich läßt es nicht los, noch einmal darüber nachzudenken, was mit Adoptions-bewerbern in der Wartezeit auf das Kind geschieht: die ungewollte Kinderlosigkeit und der Entschluß, den Weg der Adoption zu gehen.

Mein Verhältnis zur Adoption: Der schönste Teil meines Lebens hat angefangen mit unserer ersten Tochter. Mein Amt hat uns unser erstes Kind vermittelt, und für dieses Vertrauen bin ich ewig dankbar. Wir haben unsere Kinder glücklich angenommen, ich habe dem Amt vertraut und wußte auch: Es wird ein Kind kommen, das wir annehmen werden. Die Vermittlerin kannte uns mit unseren Schwächen, wir empfanden sie als »soziale Geburtshelferin« und legten unser Schicksal in ihre Hände. Am Anfang also: ein Vertrauen. Mit den Jahren hat sich mein Verhältnis zum Amt verändert, umgestaltet – ähnlich wie sich mein Kontakt zu Eltern, Freunden, Lehrern distanziert und verändert hat, ohne daß es zu einem Bruch gekommen wäre.

Aus Dankbarkeit und auch aus Angst, wir bekämen nicht auch noch ein zweites Kind, ist es mir nicht gelungen, zu meinem Amt ein Verhältnis aufzubauen, in dem ich auch meine Kritik, meine Situation hätte genügend darstellen können, obwohl ich das immer versucht hatte und obwohl das Amt auch wußte, daß ich zu verschiedenen Punkten eine eigene Meinung hatte.

Zur Kinderlosigkeit bei Adoptionsbewerbern: Als wir zum ersten Mal zur Adoptionsvermittlung kamen, waren wir unglücklich kinderlos und ahnungslos. Immer wurde in den Gesprächen Wert darauf gelegt, daß wir unsere Kinderlosigkeit verarbeitet haben müssen. Aber ungewollt Kinderlose, die zum Adoptionsamt gelangen, können diesen Wunsch höchstens wegschieben, verdrängen, verraten. Denn für ungewollt kinderlose Adoptionsbewerber ist der Kinderwunsch verallgemeinert, verstärkt, verfestigt und auch verbohrt. Denn er hat sich verändert vom Wunsch nach einem leiblichen Kind zum Wunsch nach »irgendeinem« Kind, das dann in den Bewerbungsgesprächen »entworfen« wird im Sinne von Eingrenzungen. Was die »Verarbeitung« meiner Kinderlosigkeit betrifft, so hatte ich in unserer Bewerbungszeit beim Amt immer ein ungutes Gefühl: Ich mache denen was vor oder muß denen was vormachen, damit sie mir glauben, daß ich wirklich ein Kind annehmen möchte. Die Erwartung, daß die Kinderlosigkeit verarbeitet sein müsse, *bevor* das angenommene Kind kommt, ist widersinnig, denn die Auseinandersetzung mit der biologischen Kinderlosigkeit setzt noch einmal auf ganz neue Weise ein, wenn die Eltern mit einem Kind zusammenwachsen, mit dem sie biologisch nicht verwandt sind.

Mein Wunsch nach einem Kontakt zu den leiblichen Eltern meiner Kinder: Ich habe nach der Adoption meiner Kinder versucht, Kontakt aufzunehmen zu den leiblichen Eltern meiner Kinder – leider ohne Unterstützung durch mein Amt. Bei den einen Eltern ist der Kontakt geglückt, bei den anderen nicht (aber das ist eine andere Geschichte). Mein Amt hat – nach der Adoption – meinen Wunsch nach einem Kontakt zu den Eltern, den Wunsch nach einer »Öffnung« der Adoption zu wenig zur Kenntnis genommen und auch zu wenig Verständnis gehabt. Heute, wo die offene Adoption im Gespräch ist, wäre das vielleicht anders. Damals

---

hörte ich von seiten des Amtes oft: »Wieso wollen Sie das eigentlich?« Diese Frage war für mich so unverschämt wie die Frage »Warum wollen sie eigentlich einen Freund haben?« – Jetzt – nachdem der Kontakt zur leiblichen Mutter meines Sohnes besteht – weiß ich, daß wir »das Recht« zu einem solchen Kontakt haben, daß ich selbst suchen mußte, wie erwachsene Adoptierte das oft auch tun, und daß wir nun alle besser leben miteinander und nicht mehr Phantome sind, die uns in unseren Träumen peinigen.

Das Spiel mit verdeckten Karten: Das Amt erwartete Offenheit von uns: »Führen Sie uns in Ihre Lebenslandschaft«, gab aber seine Einschätzung nicht bekannt. Wir konnten nur vermuten, wie das Amt denkt, was es von uns erwartet, wie es am besten sei, sich zu verhalten, wie wir wirklich sind, ob das Amt sich ein richtiges Bild macht, ob wir selbst uns ein richtiges Bild von uns machen. Ermüdende Spekulationen.

Ich frage mich: gibt es nicht andere Wege, die Belastbarkeit von Bewerbern zu »testen«? Und welche Bewerber werden durch ein solches Verfahren – wie es heute noch praktiziert wird – bevorzugt? Zudem: Wenn ein Amt damals von uns verlangt hätte, wir sollten uns in einen Hasen verwandelt, dann bekämen wir ein Kind, – so hätte ich wohl auch dies versucht. – Bei unfreiwillig Kinderlosen hat das Amt die Möglichkeit großer Beeinflussung und Steuerung, was unterschwellig auch ausgenutzt wird.

Ich habe Fragen: Warum prüfen die Adoptionsämter ihre BewerberInnen so genau vor der Adoption und lassen sie, sobald die Adoption »vorbei« und »geschehen« ist, allein? Warum schließen sie so schnell die Aktendeckel, lassen die Adoptiveltern und -kinder mit ihren Problemen allein? – Warum gibt es – wenn die Prüfung etwas nutzen soll – so viele unglückliche Adoptivkinder? Warum helfen so wenige Eltern ihren Kindern bei der Suche nach den ersten Eltern? Warum wissen viele Kinder nicht Bescheid über ihre Herkunft?

Warum beklagen sich Adoptivkinder so oft über mangelnde »emotionale Einbettung« in ihrem Elternhaus? Sind die Adoptiveltern vielleicht einseitig – nach intellektuellen Kriterien – ausgewählt? Wie prüft man »Einfühlungsvermögen« und »Sensibilität« oder »Kindzentriertheit«? Was passiert, wenn Menschen die »Adoptionseignung« anderer Menschen prüfen, untersuchen, hinterfragen? Was prüfen sie?

Marion Bartsch

Die Aufgaben der Vermittlungsstelle im Adoptionsprozeß

Die Arbeit der Adoptionsvermittlungsstelle früher und heute

Die Hamburger Adoptionsvermittlungsstelle ist eine der größten in der BRD, und die Mitarbeiterinnen und Mitarbeiter sind deshalb mit einer großen Spannbreite des Themas Adoption vertraut. Im Laufe der letzten 15 Jahre hat sich die Arbeit in der Hamburger Vermittlungsstelle qualitativ verändert.

In den siebziger bis achtziger Jahren stand das elternlose Kind ganz wesentlich im Mittelpunkt aller jugendamtlichen Bemühungen und bestimmte die Inhalte der Arbeit. Gültige Arbeitshypothese war, daß eine möglichst sorgfältige, an den Bedürfnissen des Kindes orientierte Auswahl der Adoptiveltern ein störungsfreies, harmonisches Heranwachsen des Adoptierten garantierte.

Die Zentrierung auf das Kind veränderte den Stellenwert der Adoption insofern, als nicht mehr, wie noch in den sechziger Jahren, die Erfüllung von Elternwünschen beziehungsweise die Behebung von Kinderlosigkeit als Aufgabe gesehen wurde. Adoptionsbewerber wurden damit konfrontiert, daß »Eltern für Kinder« gesucht wurden und nicht etwa das Wunschkind für kinderlose Paare. Allerdings mußten auch die leiblichen Eltern und Mütter hinter den Interessen ihres Kindes zurücktreten. So können seitdem Kinder beispielsweise gegen den Willen ihrer Eltern vermittelt werden, wenn diese aufgrund eigener Defizite dauerhaft nicht für ihr Kind sorgen können und ihnen daher bereits das Sorgerecht entzogen ist und ausreichende

Gründe für die Ersetzung der Einwilligungserklärung zur Adoption vorliegen.

Bis Anfang der siebziger Jahre waren Kinder mit gesundheitlichen Problemen, mit Behinderungen oder sehr schwierigen sozialen Hintergründen selten in Inkognito-Adoption vermittelt beziehungsweise durch ärztliche Beurteilungen sogar von einer Adoptionsvermittlung ausgeschlossen worden.

Konkrete Veränderungen der Vermittlungspraxis

Die neue Praxis, gerade für benachteiligte Kinder in der Adoption eine positive Alternative – die langjährige Heimaufenthalte oder vielfache Bezugspersonenwechsel ausschließt – zu sehen, hatte für die konkrete Arbeit Konsequenzen.

Neben der Säuglingsvermittlung rückte nunmehr die Vermittlung älterer, schwieriger Kinder, behinderter oder von Behinderung bedrohter sowie seelisch gestörter Kinder fachlich in den Vordergrund. Der soziale Hintergrund, die Bedingungen in den Herkunftsfamilien der Kinder und damit ihr Erfahrungspotential wurden möglichst genau erforscht.

Die Kinder wurden jetzt psychisch betreut, meist im Vermittlungsprozeß therapeutisch begleitet (Verarbeitung von traumatischen Erlebnissen, Vorbereitung auf die Vermittlung in eine neue Familie) sowie den künftigen Adoptiveltern eine psychologische Beratung nach Vermittlung und abgeschlossener Adoption angeboten.

Den Adoptionsbewerbern wurde das Offenlegen ihres ganz persönlichen Werdeganges sowie der Gründe für ihre Kinderlosigkeit abverlangt, die Adoptionsmotivation und die Risikobereitschaft des einzelnen wurden überprüft. Ein wichtiges Thema in den Vorgesprächen mit Bewerbern war die Aufklärung des Adoptivkindes über seinen Status und der Umgang mit der Vorgeschichte des Kindes. Erkennbare

Abwehr dieser Thematik war und ist ein Ausschlußgrund für eine Vermittlung. Mit den leiblichen Eltern beziehungsweise Müttern wurden deren Wünsche hinsichtlich der künftigen familiären Situation ihres Kindes erarbeitet und bei der Vermittlung berücksichtigt.

Die Vermittlerinnen und Vermittler boten sich an, zwischen der annehmenden Familie und den abgebenden Müttern oder Eltern als »Informationsbrücke« zu dienen, das heißt bei bestehendem Inkognito schriftlich, mündlich, via Foto Informationen über die Entwicklung des Kindes und der jeweiligen Familienstrukturen beider Seiten zu übermitteln.

Diese Angebote erfolgten jedoch bis Mitte der achtziger Jahre nicht im Bewußtsein der besonderen Identitätsproblematik Adoptierter, sondern eher aufgrund persönlicher Identifikation mit den emotionalen Wünschen aller am Adoptions-Dreieck Beteiligten. Nur eine – gemessen an der Gesamtzahl der Vermittlungen – geringe Anzahl leiblicher Eltern machte von diesem Angebot Gebrauch, und längst nicht alle Adoptiveltern waren zum Informationsaustausch (nach abgeschlossener Adoption) bereit. Inzwischen hat sich die Erkenntnis durchgesetzt, daß gegenseitige Informationen und eine weniger starre Handhabung des Inkognitos günstiger für die psychosoziale Entwicklung von Adoptivkindern sind, und das wird daher häufig praktiziert.

Adoption als Identitätsproblem

Die fortlaufende Beratungstätigkeit in Adoptivfamilien und bei heranwachsenden Adoptierten, aber auch Literatur und das Sich-öffentlich-Machen Betroffener bewirkte die Erkenntnis, daß Adoptiertsein eine besondere Sozialisationsbedingung ist. Unabhängig vom Zeitpunkt der Adoption (Alter des Kindes bei seiner Vermittlung) und unabhängig von möglichen Vorerfahrungen oder den erzieherischen Fähigkeiten ihrer sozialen Eltern scheinen Adoptierte häufiger Identitätsprobleme zu haben.

Dies hieße, daß das Wissen um die Adoption als solches traumatisch sein kann, und ein adoptiertes Kind deshalb grundsätzlich einem größeren Risiko ausgesetzt wäre, emotionale Störungen zu entwickeln.

Die Identität eines Kindes entwickelt sich hauptsächlich in der Beziehung zu seinen ersten Bezugspersonen und ist darüber hinaus abhängig von der sozialen Gruppe, die dem Individuum Eigenschaften zuschreibt.

In unserer Gesellschaft ist die Adoption eine Abweichung vom normalen Familienmuster. Eltern und Kinder sind als biologisch verbunden definiert. Die soziale Elternschaft ist eine Ausnahme, und oft sind gesellschaftliche Vorurteile mit ihr verbunden. Kinder verinnerlichen zunächst das, was sie als Normalität vermittelt bekommen. Auch Adoptivkinder gehen innerlich davon aus, daß Familie biologische Zusammengehörigkeit bedeutet, das heißt, man wächst im Bauch seiner Mutter und wird von ihr geboren. Die Aufklärung über den Adoptionsstatus bewirkt in der Regel eine starke Verunsicherung bei dem Kind, weil sie seine bisherigen Erfahrungen und Gewißheiten in Frage stellt. War es vorher in seiner Vorstellung Mutter und Vater unausgesprochen, aber ganz selbstverständlich auch biologisch verbunden, muß es nun zwischen seinen biologischen und den real erlebten, sozialen Eltern unterscheiden und diese doppelte Elternschaft akzeptieren lernen.

Geburt und Adoption sind ein wichtiges Thema für Adoptivkinder, das in verschiedenen Entwicklungsphasen unterschiedliche Bedeutung hat. In der Pubertät gewinnt die Auseinandersetzung mit der persönlichen Vorgeschichte und dem Adoptionsstatus bei vielen eine besondere Wichtigkeit.

Unsere Beratungstätigkeit in Adoptivfamilien belegt, daß

die Pubertät für viele Adoptierte eine Zeit heftigster Krisen ist, in der die eigene Identität für die Betroffenen kaum fühlbar oder zumindest stark verunsichert ist. Die für den Ablösungsprozeß notwendige kritische Distanz und Abgrenzung zu den sozialen Eltern fällt zusammen mit der Unsicherheit bezüglich der eigenen biologischen Wurzeln und der Unbegreiflichkeit der Adoptionsfreigabe. Der Schmerz und die Kränkung des Kindes, von den urprünglichen Eltern nicht gewollt oder verlassen worden zu sein, äußert sich bei manchen Adoptierten (erneut) sehr vehement und führt unter Umständen zu ernsthaften seelischen Störungen.

An dieser Stelle scheint es wichtig, doch zwei Gruppen von Adoptierten zu unterscheiden: Nämlich die als neugeborener Säugling vermittelten, deren Trauma in der Tatsache Adoption besteht, und diejenigen, die darüber hinaus bereits in den Herkunftsfamilien erheblichen Belastungen ausgesetzt waren.

Ein großer Teil der Jugendlichen oder jungen Erwachsenen, die das psychologische Beratungsangebot unserer Vermittlungsstelle in Anspruch nehmen, gehört zu letzterer Gruppe. Viele sind erst im Alter zwischen drei und acht Jahren vermittelt worden. Das heißt, bei ihnen war die Aufklärung über ihren Status nicht entscheidend, da sie als Wissende oder Teilwissende in ihre Adoptivfamilien kamen. Bei ihnen stand das Ausgleichen von Defiziten und die Verarbeitung der traumatischen Erlebnisse – wie z. B. schwere Vernachlässigung, Mißhandlung, sexueller Mißbrauch in der Herkunftsfamilie – lange Jahre im Zentrum elterlicher, aber auch pädagogisch-therapeutischer Bemühungen. Obwohl viele dieser Familien kontinuierlich psychologische Elternberatung in Anspruch nahmen und die betroffenen Kinder teilweise Psychotherapien erhielten, außerdem mit ihnen zu unterschiedlichen Zeiten die persönliche Vorgeschichte bearbeitet wurde, zeigt sich in der Pubertät, daß nicht alle seelischen Verletzungen ausheilen und in Phasen des seelischen Umbruchs, der seelischen Umgestaltung wieder akut werden.

Unserer (statistisch nicht überprüften) Erfahrung nach führt die adoptionsbedingte Verunsicherung der Identität in Verbindung mit den frühen Traumata zu den schwerwiegendsten seelischen Störungen oder Erkrankungen. Unsere Möglichkeiten, in diesen Fällen Hilfestellung zu geben, sind begrenzt, und häufig ist eine Delegation in eine therapeutische Behandlung nicht zu vermeiden.

Trotzdem ist es sinnvoll und notwendig, sich für den Adoptierten als »Vermittler« zwischen der Welt der Adoptiveltern und der Welt seiner Herkunftsfamilie zur Verfügung zu stellen und bei Bedarf die Fäden zwischen beiden Welten zu knüpfen. Letzteres gilt natürlich auch, wenn leibliche Angehörige den Wunsch nach Kontakt äußern.

Erfahrungsgemäß ist es sehr wichtig, daß die Jugendlichen sich gerade in solchen Krisen auf ihre Adoptiveltern emotional verlassen können und diese keine Inszenierung einer erneuten Trennung zulassen. Das heißt, daß die Adoptiveltern in ihrer psychischen Tragfähigkeit unterstützt werden müssen und in vielen Fällen eine fachliche Beratung brauchen, wie sie die Identitätsproblematik ihres herangewachsenen Kindes interpretieren und wie sie es auf seiner (Identitäts-)Suche begleiten können.

Ein wichtiger Aspekt in unserer Arbeit ist, daß viele der Jugendlichen ihre Probleme bewältigen und sich mit ihrer Situation aussöhnen können. Eine sichere Beziehung zu den Adoptiveltern und Offenheit gegenüber der Herkunftsfamilie sind hilfreich. Inwieweit kontinuierliche oder engere Bindungen an die leiblichen Eltern entstehen, ist sehr unterschiedlich. Häufig bezieht sich das Interesse des Adoptierten hauptsächlich auf die Integration der verschiedenen Teile seiner Biographie.

In einem kurzen Abriß sollen noch einmal die Beratungsangebote der Hamburger Adoptionsvermittlungsstelle hinsichtlich der Aufklärung und Identitätsfindung von Adoptierten dargestellt werden. Unser Angebot richtet sich primär an die Adoptierten, ihre leiblichen Eltern oder Geschwister sowie ihre Adoptiveltern. Über alle vorhandenen Daten und bekannten Fakten werden die Betroffenen mit größtmöglicher Offenheit informiert. Eine juristische Grenze für Informationen setzen die (in Akten häufig enthaltenen) Daten Dritter, Akteneinsicht kann daher nicht gewährt werden.

– Zum Zeitpunkt der Vermittlung werden Adoptiveltern über die Bedeutung der Herkunftsfamilie für die Identität des Kindes informiert und hinsichtlich der konkreten Aufklärung ihrer Adoptivkinder über deren Status beraten. Mit den leiblichen Eltern wird das Thema Identität ebenfalls erarbeitet, und sie werden auf mögliche spätere Wünsche ihres Kindes nach Kontakt vorbereitet.

– Die Mitarbeiterinnen und Mitarbeiter der Vermittlungsstelle sind bemüht, möglichst genaue und ausführliche Informationen über die zur Adoption führenden Gründe zu sammeln und zu dokumentieren. Auf diese aktenkundigen Informationen können Adoptierte jederzeit zurückgreifen.

– Nach der Vermittlung erhalten Adoptivfamilien (auf Wunsch) fachliche Unterstützung bei der Aufklärung ihrer Kinder, beim Umgang mit eigenen psychischen Konflikten mit ihrem Status als Adoptiveltern sowie allgemeine Erziehungsberatung, damit adoptionsspezifische Probleme leichter von anderen erzieherischen Konflikten zu trennen sind.

– Die Adoptierten werden bei ihrer Suche nach leiblichen Angehörigen konkret unterstützt. In Gesprächen werden gemeinsam die Erwartungen und Wünsche des Suchenden herausgearbeitet und seine aktuelle Motivation geklärt. Als theoretische Vorbereitung einer möglichen Begegnung erfolgt ein geschichtlicher Rückblick auf die damalige Vermittlungssituation sowie die Betrachtung des Lebensweges seitdem.

– Falls die Bereitschaft der leiblichen Eltern zu einer Begegnung vorhanden ist oder aber auch durch Beratungsgespräche erreicht werden kann, folgt die Klärung ihrer Erwartungen und Hoffnungen gegenüber dem »verlorenen Kind«.
– Da die Bedürfnisse des Suchenden und des Gesuchten häufig unterschiedlich sind, kann nach persönlichen Kontakten eine psychologische Hilfestellung für die Betroffenen zur Verarbeitung der Erlebnisse erforderlich sein.
– Während dieser Zeit kann außerdem eine begleitende Beratung der Adoptiveltern sinnvoll sein, um sie dabei zu unterstützen, diesen Prozeß emotional mitzutragen und zu verkraften.

Die hier skizzierten Angebote sind als Tätigkeitsschwerpunkte und nicht als vollständige Beschreibung eines Aufgabenkataloges zu verstehen. Jede Beratung ist ein lebendiger, dynamischer Prozeß und wird wesentlich von dem Ratsuchenden mitgestaltet. Aus diesem Grund muß sich unsere Arbeit an den Bedürfnissen unseres Klientels orientieren und wird sich immer wieder umstrukturieren.

Gunhild Grimm

Die begleitende Beratung von Adoptierten und ihren Bezugspersonen im Jahre 1992 in Hamburg

Es erschien uns wichtig, einmal exemplarisch an einem Jahrgang (1992) anzuschauen, *wie viele* Beratungen von Adoptierten vom Team der Adoptionsstelle Hamburg durchgeführt wurden, *wer* gefragt hat und um welche *Inhalte* es dabei ging.

Wir waren dazu auch deshalb motiviert, weil wir uns selbst als in einem Lernprozeß befindlich begreifen und die Reflexion über die eigene Arbeit und der Austausch unter Kolleginnen sinnvoll und notwendig für uns ist.

Wir wollten wissen, wie groß und wie geartet das Wissens- und Fragebedürfnis von Adoptierten, deren leiblichen Familienangehörigen und Adoptiveltern ist. Deshalb habe ich einen Fragebogen erstellt, der sechs standardisierte und einen nichtstandardisierten Fragebereich enthält. Im letzteren wird individuell für jeden einzelnen Beratungsfall das Besondere ausformuliert und schwerpunktmäßig qualitativ ausgewertet.

Die acht Mitarbeiterinnen wurden zu konkreten Altadoptionsfällen des gesamten Jahres 1992 befragt. (Altadoptionsfälle nennen wir alle Beratungen, die Adoptierte betreffen, egal wie alt das adoptierte Kind ist oder wer anfragt. Wichtig ist, daß es sich bei allen Anfragen um die Belange von Adoptierten handelt.) Für jede Beratung füllte jede Mitarbeiterin, die daran beteiligt war, einen Fragebogen aus, so daß sich bei 126 Personen, die angefragt haben, insgesamt 133 Fragebögen ergaben.

Es werden sowohl objektive Daten (z. B. Alter der Adoptierten) als auch subjektive Daten erfaßt, nämlich Einschätzungen durch die Beraterinnen zu verschiedenen Be-

---

reichen (z. B. hinsichtlich des Leidendruckes der Fragenden).

Es war nicht möglich, im nachhinein die Betroffenen selbst zu befragen, so daß wir zu dieser indirekten Untersuchungsmethode kamen. Wie begrenzt diese Mitarbeiterbefragung also auch sein mag, wir wollen damit einen Anfang setzen, näher hinzusehen und transparent zu machen, was sich in diesen Beratungen abspielt.

Die Beratung basiert auf der Rechtsgrundlage des § 9 AdVermiG und beinhaltet keinen einklagbaren Rechtsanspruch auf Einsicht in die Adoptionsunterlagen. Die Tatsache, daß eine Reihe von Rechtsgrundlagen zu beachten sind, die teilweise die jeweiligen Interessenlagen beeinträchtigen können, stellt dabei oft ein besonderes Erschwernis dar. So hat die Schutzwirkung des § 1758 BGB, der ein Ausforschungsverbot beinhaltet, das ohne Zustimmung der Adoptiveltern und des Adoptierten nicht aufgehoben werden darf, in der Beratung die Konsequenz, daß Einvernehmen mit den Beteiligten über Art und Umfang der Informationen oder Aktionen hergestellt werden muß. Auch der Schutz des Sozialgeheimnisses der leiblichen Eltern (§ 35 SGB I) und die allgemeinen Datenschutzbestimmungen sind jeweils zu beachten.

Ergebnisse

- Wer fragt an? Wer will beraten werden?

Am häufigsten (58 Personen) fragten erwartungsgemäß erwachsene Adoptierte selbst an. Die Adoptierten waren mindestens 16 Jahre alt und hatten meist die Erlaubnis der Adoptiveltern, oder sie waren volljährig und konnten sich auch ohne Wissen der Adoptiveltern über ihre Vorgeschichte informieren. Doppelt so viele weibliche wie männliche Adoptierte fragten nach ihrer Herkunft.

Am zweithäufigsten (39mal) fragten Adoptiveltern an. Dieses Ergebnis deutet auf eine Veränderung in der Altadoptionsberatung hin. Es geht vornehmlich nicht mehr nur um die Beratung erwachsener Adoptierter, sondern die Adoptiveltern kümmern sich vermehrt um die Vorgeschichte ihrer Kinder. Sei es als Voraussetzung dafür, die Fragen ihrer Kinder besser beantworten zu können; sei es, um Beziehungsprobleme in der Familie oder Schwierigkeiten im Leistungsverhalten mit den Beratern zu klären oder die Beraterin als Vermittlerin für Problemsituationen zu gewinnen. Auch als Hilfe bei den Fragen und der Suche nach der leiblichen Familie des Adoptivkindes sind die Beratungen gefragt.

Besonders häufig waren es die Adoptivmütter allein (26mal), die fragten, nur 2mal fragten Adoptivväter. 11 Adoptivelternpaare kamen gemeinsam zur Beratung.

Knapp die Hälfte aller Adoptierten, für die oder mit denen gemeinsam die Adoptiveltern um Beratung anfragten, waren unter 18 Jahre alt. Offenbar haben viele Adoptiveltern mittlerweile erkannt, daß nur die Auseinandersetzung mit der Vorgeschichte, nicht aber deren Leugnung zur Bewältigung von Problemen mit den Kindern beiträgt. Es zeigt auch, daß die Vermittlungsstelle als begleitende Instanz angenommen und genutzt wird.

Fünf Mitarbeiterinnen der Hamburger Adoptionsstelle sind dort bereits langjährig tätig, vier von ihnen arbeiten bereits über 10 Jahre und eine über 20 Jahre kontinuierlich hier. So kam es 49mal vor, daß Anfragende von der Person beraten wurden, die seinerzeit die Vermittlung des Adoptivkindes selbst vorgenommen und begleitet hat. Oft können sich die Mitarbeiterinnen noch konkret an Einzelheiten und Personen im Vermittlungsprozeß erinnern. Auch wenn viele Jahre vergangen sind, kann hier an eine bestehende Beziehung angeknüpft werden, was offenbar Mut macht, sowohl sporadisch Kontakt zu halten, als auch in Krisen mit Vertrauen aufeinander zuzugehen. Wenn man Adoption als Prozeß sieht, der neben der Vermittlung die Begleitung bis zur möglichen Kontaktaufnahme mit der leiblichen Familie beinhaltet, ist die personelle Kontinuität sicherlich von großem Vorteil.

An dritter Stelle (13 Anfragen) standen Anfragen von leiblichen Müttern nach ihren Kindern beziehungsweise deren Adoptivfamilien. Obwohl nach geltendem Recht die leibliche Mutter keine einklagbaren Rechte auf Informationen oder Kontakt zu ihrem Kind hat, wird in der Praxis jede Anfrage von leiblichen Müttern ernstgenommen und als berechtigt gewertet. Inwieweit die Wünsche erfüllt werden können, hängt von vielen Faktoren ab. Dazu später mehr.

An vierter Stelle (7 Anfragen) fragten Sozialarbeiter, Erzieher, Therapeuten oder Ärzte nach der Vorgeschichte von Adoptierten. Diese Kinder leben nach oft sehr konfliktträchtigen oder auch gescheiterten Adoptionsverhältnissen in öffentlicher Erziehung oder in Internaten. Einige waren zeitweise in kinder- und jugendpsychiatrischer Behandlung.

An fünfter Stelle wollten leibliche Geschwister beraten werden: Sechs Personen suchen nach ihren adoptierten Geschwistern.

An sechster und letzter Stelle wünschten drei leibliche Väter Informationen über ihre Kinder, in einem Fall hat ein Freund eines Adoptierten nach dessen Vorgeschichte gefragt.

Zusammenfassend betrachtet, fällt auf, daß die Frauen (Mütter und Adoptierte) weit häufiger in der aktiven Anfragerolle sind, während die Männer erfragt werden.

• Zur Altersverteilung der Adoptierten

Am häufigsten, nämlich in knapp der Hälfte der Fälle, ging es um Adoptierte im Altersbereich 2 – 17 Jahre. Hier suchen Adoptiveltern mit oder für ihre Kinder Erziehungsberatung und Hilfen zur Aufklärung der Vorgeschichte oder Informationen über Möglichkeiten zur Kontaktaufnahme mit leiblichen Familien. Der gesamte Themenkomplex um

Pubertät und Identitätsfindung: »Zu wem gehöre ich wirklich?«, »Wer bin ich?«, »Woher komme ich?«, »Was kann ich?«, »Was wird aus mir?«, »Wo liegen meine Grenzen?« sowie Probleme im Zusammenleben und im Beziehungsverhalten werden thematisiert.

An zweiter Stelle stand der Altersbereich der 18- bis 30jährigen (gut 40%), in dem die meisten Adoptierten selbst anfragten. Ob sie dies mit oder ohne Wissen der Adoptiveltern tun, ist hierbei nicht erfaßt.

An dritter Stelle rangierte der Altersbereich 31 – 52 Jahre (9,5%).

Zur Altersspanne der betroffenen Adoptierten läßt sich folgendes sagen: Das jüngste Adoptivkind war 2 Jahre alt, als seine Adoptiveltern sich um die Aktualisierung und Auffrischung der erhaltenen Information zur Vorgeschichte erkundigten, um spätere Fragen zur Herkunft besser beantworten zu können. Der älteste Adoptierte war 52 Jahre alt, als er mit Hilfe der Beraterin seine leibliche Mutter kennenlernte.

• Wann hat die Beratung begonnen?

Es erstaunt, daß die Beratungen sich oft über Jahre hinziehen. Bei jeweils 10% der Anfragen lag der Beginn 3 bis 7 Jahre zurück, bei weiteren 10% bis 2 Jahre. Die meisten Anfragen (70%) wurden im Jahr 1992 gestellt. Ein Drittel der Fälle wurde 1992 abgeschlossen, ein Drittel lief weiter, und ein weiteres Drittel war unterbrochen, wobei ungewiß ist, ob die Fragenden sich wieder melden würden.

• Form der Beratung

Nach Schätzung der Mitarbeiterinnen haben im Rahmen der Altadoptionsberatung 1992 rund 200 Gespräche und 320 Telefonate stattgefunden, es wurden 90 Briefe geschrieben. Dies mag einen Eindruck vom Umfang des geleisteten Arbeitsaufwandes vermitteln.

- Art der Beratung

Am häufigsten wollen Anfragende *Informationen zur Vorge-schichte* erhalten. Bevor die Beraterin diesem Wunsch nach-kommen kann, muß sie die Archivakte intensiv durchar-beiten, um in der Lage zu sein, konkrete Fragen zu beantworten. Aus Datenschutzgründen können nur weni-ge Dokumente aus der Akte dem Anfragenden direkt ge-zeigt werden oder als Fotokopie mitgegeben werden. Wel-che Informationen herausgegeben werden, und wie detailliert, ist nicht nur eine Ermessensfrage der Beraterin, sondern hat dort Grenzen, wo die Persönlichkeitsrechte eines Dritten betroffen sind.

Manchmal müssen wir gemeinsam Fragen erst konkreti-sieren, es kommen aber auch Adoptierte mit einer zentra-len Frage oder einem größeren Fragenkomplex.

Bevor die Vorgeschichte bearbeitet wird, finden immer Befragungen und Gespräche zur momentanen Lebenssi-tuation statt, denn meistens hat der Zeitpunkt der Anfrage unmittelbar etwas mit der gegenwärtigen Lebenssituation zu tun (Krisen, eigene Kinder, Scheidung, Erkrankung). Hierüber etwas zu erfahren, ist zur Abschätzung der Be-lastbarkeit des Fragenden und seiner Erwartungen wich-tig. Schließlich müssen die Beratungsschritte so bemessen sein, wie die innere Bereitschaft, das soziale Umfeld, die Gesundheit und die Kraftreserven es zulassen.

Die Vorbereitung von Kontakten zu leiblichen Verwand-ten erfolgt nach den Informationen und Auswertungen sowie der Beratung zur Vorgeschichte. In direktem Zusam-menhang mit der Vorbereitung steht das Einholen von aktuellen Informationen über die leibliche Mutter bezie-hungsweise über das Adoptivkind. Ohne Kenntnis dessen, wen man in welcher Lebenssituation antrifft, wäre ein per-sönlicher Kontakt äußerst unwägbar. Außerdem muß die Zustimmung der Gesuchten zu einem Kontakt vorliegen.

Wenn der Wunsch auf beiden Seiten vorhanden ist, kann

die Begleitung im Kontakt erfolgen, das heißt, die Beraterin wird, nachdem sie beide Seiten kennengelernt hat, beim ersten Treff anwesend sein und als neutrale Dritte vermitteln. Anschließend findet eine Nachberatung statt, in der die Gefühle und neuen Erfahrungen geordnet und Perspektiven darüber entwickelt werden, wie es weitergehen kann.

Einmalige Beratungen finden seltener statt, in der Regel erfolgen mehrmalige Beratungskontakte über längere Zeiträume, die auf allen Seiten viel Geduld, Einfühlungsvermögen und Beharrlichkeit erfordern.

- Wer will was?

An erster Stelle wurden Informationen gewünscht, an zweiter Stelle standen Treffen mit Angehörigen, an dritter Stelle der Austausch von Fotos. Hier zeigt sich, daß die Fragenden mit Vorsicht an die Sache herangehen. Bei Adoptierten, Adoptiveltern und Geschwistern von Adoptierten besteht oft der Wunsch nach allen drei Dingen. Nur die leiblichen Mütter wollen gleich häufig Informationen und Fotos von ihren Kindern, bei ihnen rangieren erst an zweiter Stelle die Treffen. Sie können aufgrund der Rechtslage weniger fordern, und das Alter sowie die momentane Lebenssituation des Kindes müssen berücksichtigt werden.

- Namensänderung

Eine Adoptierte wünschte eine Vornamensänderung. Aus der Beschäftigung mit der Vorgeschichte ergab sich der Wunsch eines Mädchens, den Namen tragen zu wollen, den die leibliche Mutter ihr bei der Geburt gegeben hatte. Hier wurde auf rechtliche Klärung hingewirkt.

- Therapie

Viermal wurde um Beratung gebeten mit der Frage, welche Form der Therapie und welcher Therapeut für die Behandlung eines Adoptierten sinnvoll wäre. In einem Fall fragten Adoptiveltern nach Therapieberatung für sich selbst. Unter den Ratsuchenden waren etliche Adoptiveltern, die sich bereits in Therapie befanden oder regelmäßig Beratungsstellen aufsuchten.

• Die Gründe für Anfragen

In der Einschätzung der Mitarbeiterinnen im Adoptionsteam rangierten als Motivation bei den Adoptierten in gleicher Häufigkeit: Probleme in der Familiendynamik und in der Psyche einerseits, andererseits der klare Wunsch zu wissen, was in der Vorgeschichte passiert ist.

Außerdem spielten Probleme eine Rolle, die das Annehmen des eigenen Körpers betreffen, bis hin zu psychosomatischen Erkrankungen wie beispielsweise Magersucht und Bulimie.

Bei den leiblichen Müttern waren psychische und gesundheitliche Probleme die häufigste Motivation für Anfragen; Adoptiveltern hatten vor allem Probleme in der Familiendynamik, und leibliche Geschwister fragen häufig, weil sie mehr über die Familienzugehörigkeit wissen möchten.

Sofern nach Einschätzung der Beraterinnen Leidensdruck bei den Anfragenden erkennbar war, fand sich gleich häufig großer beziehungweise geringer Leidensdruck. Offenbar ist das Wissenwollen ohne nach außen erkennbaren Leidensdruck bei Adoptierten viel häufiger, als wir es erwartet hätten. Die leiblichen Mütter dagegen hatten ebenso wie die Adoptiveltern zu drei Viertel großen oder mittleren Leidensdruck und nur zu einem Viertel keinen oder geringen Leidensdruck.

• Reaktionen auf die Beratung

Allgemein kann gesagt werden, daß die Anfragenden ein Stück erleichtert waren, egal ob ihr Wunsch ganz oder nur teilweise erfüllt werden konnte. Es liegt in der Natur der Sache, daß es Zeit und Ideen braucht, um an Informationen über die Herkunftsfamilie heranzukommen. Auf dieser Suche von der Beraterin begleitet zu werden hilft besonders in den Situationen, in denen Traurigkeit über Inhalte der Informationen aufkommt. Wenn Anfragen als bedrohlich erlebt werden oder wenn tiefste Enttäuschung entsteht, kommt es, allerdings selten, auch zu Wutreaktionen. Das Wechselspiel von Sich-Weigern und Sich-Einlassen, Zeit gewinnen Wollen und aktiv Werden ist typisch für die Reaktion auf Beratung.

Das Besondere in jedem Beratungsfall

Zu dieser Frage im Fragebogen gab es etwa 100 schriftliche Anmerkungen, die schwerpunktmäßig ausgewertet wurden nach den Bereichen Persönliche Treffen, Briefe und Telefonate, Verweigerung von Kontakt, Rolle der Adoptiveltern, Geheimnisse, Anfragemotive, besondere Arten von Kontakt zwischen leiblicher Mutter und Adoptiveltern

- Persönliche Treffen

23 Adoptierte haben 1992 ihre leiblichen Mütter wiedergesehen. Sowohl mit Wissen oder Begleitung durch die Adoptiveltern als auch im Alleingang, ohne Kenntnis der Adoptiveltern. Der Ort des Treffens war entweder die Adoptionsstelle oder ein auf eigene Faust gesuchter Platz wie ein Café oder ähnliches. Bevor es zum Treffen kam, hat es längere Vorbereitungen, Wartezeiten und Denkpausen gegeben. Entweder war man ganz unter sich, oder es war beim ersten Treffen eine Vertrauensperson dabei. Die Reaktionen auf beiden Seiten waren überwiegend positiv, nur sehr selten gab es Gefühle von Fremdheit, Schichtzugehörigkeitsprobleme und Enttäuschung. Für beide Seiten gleichermaßen sind das Körperschema und das Aussehen wichtig. Ähnlichkeiten werden entdeckt; die körperliche

Ähnlichkeit ist das, was als erstes ins Auge fällt. Wenn sich dann beide miteinander austauschen, kann es zur Entdeckung von Wesensmerkmalen kommen, die einander sehr ähneln, selbstverständlich auch zu klaren Unterschieden. Die Art und Intensität der Gefühle, die nach außen sichtbar werden, sind individuell nicht vorhersehbar. Sowohl Mutter als auch Kind müssen von der jahrzehntelang phantasierten Gestalt, die sie anzutreffen vermutet haben, Abschied nehmen und das Neue sehen und annehmen lernen. Dabei kommt es zu schmerzhaften sowie zu äußerst beglückenden Eindrücken.

In elf Fällen haben Adoptierte ihre leiblichen Geschwister wiedergetroffen und dies als große Bereicherung erlebt, wenn auch bei diesen Kontakten Gefühle von Fremdheit auftauchten. Indirekt erfuhren alle Adoptierten mehr über ihre leiblichen Familien, was gerade dann besonders erfreulich aufgenommen wurde, wenn die leiblichen Mütter keinen Kontakt wollten, nicht erreichbar waren oder bereits verstorben waren.

In drei Fällen trafen Adoptierte ihre Großeltern, die die Kinder vor der Adoption betreut hatten, wenn die leiblichen Eltern zeitweilig ausgefallen waren. Die Erzählungen aus der Kindheit ergänzten die lückenhafte Biographie und vermittelten immer ein Gefühl von Zugehörigkeit und emotionaler Verbindung.

Zweimal traf ein Adoptivkind den leiblichen Vater, was wiederum Chancen zur Nachfrage nach der leiblichen Mutter ermöglichte.

• Briefe und Telefonate

Elfmal gab es den Austausch von Briefen und Fotos zwischen Adoptierten und leiblichen Müttern. Dies geschieht meist im Anfangsstadium des Kontaktaufbaus, wo das Inkognito auf beiden Seiten zunächst erhalten bleibt. Die Adoptionsberaterin versendet ihre Briefe weiter an das

Adoptivkind, die leibliche Mutter läßt Post häufig an eine andere Adresse, oft die der Großmutter, schicken. Angesichts der Tatsache, daß im Umfeld der Betroffenen die Adoption geheimgehalten wurde und weiterhin werden soll, sind indirekte Wege als Schutzfaktor wichtig. Manchmal schreibt nur die eine Seite, die andere empfängt die Briefe, aber schweigt zunächst. Sofern die Adoptierten noch sehr jung sind, verwahren die Adoptiveltern die Post, bis die Kinder nach den Eltern fragen, beziehungsweise die Beraterin legt die Briefe und Fotos in die Adoptionsakte, bis Nachfragen erfolgen. Manche Kontakte bleiben auf der Stufe des distanzierten Austausches stehen, andere führen direkt zu persönlichen Treffen. Selbstverständlich gibt es im Vorfeld von persönlichen Treffen ebenfalls Briefe und den Austausch von Fotos als Vorbereitung der persönlichen Kontaktaufnahme.

• Weigerungen

Acht Adoptierte lehnten es ab, dem Wunsch ihrer leiblichen Mutter nach Kontakt nachzukommen. Warum? Zwei Adoptierte wollten aufgrund negativer Erinnerungen weder die Mutter treffen noch ein Foto von ihr sehen. In zwei Fällen reichte den Adoptierten die Information aus der Akte beziehungsweise die Beschreibung der Person der Mutter. Zwei Adoptierte wollten wegen schwerer psychischer Krankheit der Mutter keinen persönlichen Kontakt. Ein Kind hatte Angst vor der Mutter, die die Adresse herausgefunden hat und aufgrund ihrer Psychose als bedrohlich erlebt wird. Ein Adoptivsohn weigerte sich, die leibliche Mutter zu treffen, obwohl die Adoptivmutter diese zuvor kennengelernt hat und sie annehmen kann.

Viermal verboten Adoptiveltern Kontakte zwischen Mutter und Kind, in einem Fall per Anwalt, da das Kind unter 18 war. Bei Volljährigkeit erfolgte dann doch Kontakt.

Einmal war die Akte nicht auffindbar, so daß selbst

Informationswünsche nicht realisiert werden konnten. Zweimal wußten die Ehemänner der Adoptierten nichts von deren Status, so daß kein Treffen stattfand.

Zwölf Weigerungen gab es seitens der leiblichen Mütter. Sechs Mütter wollten ohne Angabe von Gründen nichts vom Kind wissen. In einem dieser Fälle schien übergroßer Leidensdruck die Ursache, in einem anderen leugnete die Mutter, überhaupt je ein Kind geboren zu haben. Drei Mütter wollten die Kinder nicht persönlich treffen, schicken aber Fotos und Briefe. Drei Mütter sagten Treffen zu und erscheinen dann nicht beziehungsweise »schafften es nicht«.

In dem Bereich der Weigerungen geht es häufig um graduelles Bremsen. So wollte ein Adoptierter nach dem Erhalt eines Fotos seine Mutter zunächst nicht treffen, weil es Fremdheit und Angst erzeugt hat. Insofern sind es selten Totalverweigerungen, sondern oft sollen sie Nein-Sagen symbolisieren und führen später zu weiteren Schritten, zu denen sich der Betroffene im Moment nicht in der Lage fühlt.

Wie auch die Länge der Beratungszeiträume zeigt, ist Sich-Zeit-Nehmen und Gleiches dem Gegenüber zuzugestehen eine zentrale Fähigkeit, die sowohl Betroffene als auch Berater mühsam lernen müssen. Beharrlichkeit, Durchhaltevermögen und der Versuch, die Weigerung des Gegenüber nachzuvollziehen, helfen, nicht vorzeitig zu resignieren.

• Die Rolle der Adoptiveltern

Allgemein gilt, daß Adoptierte nach ihren Wurzeln fragen, unabhängig davon, wie die Beziehung zu den Adoptiveltern ist. Sie kann gut und tragfähig bis gescheitert sein. In 26 Fällen haben die Beraterinnen ausdrücklich einfühlsame Begleitung des Adoptierten auf der Suche durch die Adoptiveltern festgestellt.

Neun Adoptierte befanden sich nach Scheidung der Adoptiveltern in großer Beziehungsunsicherheit, was die Frage nach den leiblichen Eltern nahelegte. Sie lebten entweder bei einem Elternteil, bei Großeltern, in Internaten, Heimen oder Wohngruppen. Darüber hinaus gab es 1992 vier Fälle von gescheiterten Adoptivverhältnissen, in denen Adoptivkinder in öffentliche Erziehung kamen. Hier fand keine positive Begleitung durch die Adoptiveltern statt. In drei Fällen hofften Adoptivkinder, ihre leibliche Mutter wiederzufinden, um von ihr »gerettet« zu werden. In einem Einzelfall ist ein Adoptierter tatsächlich zu seiner leiblichen Mutter gezogen.

Von den Ausnahmen abgesehen, in denen ein gescheitertes Elternverhältnis vorlag, ist die Tendenz eindeutig dahingehend, daß Adoptierte nach Kennenlernen der leiblichen Familie die Beziehung zur Adoptivfamilie nicht abbrechen.

• Geheimnisse

Es gab 1992 sechs Adoptierte, die sehr spät (im Alter von 15 Jahren) oder auch gar nicht über ihren Status aufgeklärt waren. Ein Einzelfall stimmt nachdenklich: Eine heute erwachsene Adoptierte, die in einer halboffenen Adoption als Säugling von der leiblichen Mutter in die Arme der Adoptivmutter übergeben worden war, hat bis heute nicht erfahren, daß sie adoptiert ist. So konnte die leibliche Mutter ihr Kind nicht kennenlernen. Die Aufklärung eines Adoptivkindes ist nur eine pädagogische und psychologische Forderung, die aber bisher keinen Niederschlag in der rechtlichen Normierung findet. Bei Verweigerung durch die Adoptiveltern gibt es keine rechtliche Handhabe. Erst wenn sie ihre Abstammungsurkunde (z. B. bei Heirat) beim Standesamt erfragt, wird diese Frau ihren Ursprungsnamen im Geburtsregister erfahren! Die Situation ist paradox. Zwar haben Erwachsene einen Rechtsanspruch darauf, nach ihren Wurzeln zu suchen. Diesen Anspruch können sie jedoch nicht einlösen, wenn sie nicht wissen, daß sie adoptiert sind.

Im Umfeld der leiblichen Mutter gibt es ebenfalls Geheimnisse, die verhindern, daß ein Adoptivkind jemals seine Mutter kennenlernen kann. Wenn die Existenz ihres zur Adoption gegebenen Kindes in ihrem Umfeld geheim ist und bleiben soll, kommt es zu Weigerungen der leiblichen Mütter, Kontakt aufzunehmen. Es wird mit Anwälten gedroht, oder Ersatzpersonen (z. B. Großmütter) beantworten die Anfragen abschlägig.

Diese spontanen Weigerungen sind nachvollziehbar. Schließlich wurde seinerzeit der leiblichen Mutter gesagt, sie werde ihr Kind niemals wiedersehen. Juristisch gesehen ist sie ohnehin keine Verwandte mehr, sondern eine Fremde.

Hier bedarf es einer gründlichen Aufklärung der Mutter über das, was sich in den letzten zwei Jahrzehnten im Adoptionsgeschehen verändert hat. Ihr muß deutlich gemacht werden, daß sie für die Identitätsfindung ihres Kindes nach wie vor eine große Bedeutung hat. Wenn es gelingt, ein Vertrauensverhältnis aufzubauen, kommt es in vielen Fällen auch nach anfänglicher Weigerung doch zu vorsichtigen Versuchen der Annäherung. Die Wahrung des Inkognitos der Mutter ist für sie zunächst ein großer Schutz. Er ermöglicht, daß zunächst Geheimnisse gewahrt bleiben und die oft mühsam aufgebaute neue Lebenssituation nicht gefährdet wird. Die Anonymität bleibt meist so lange gewahrt, bis durch Briefe, Telefonate und andere Kontakte Vertrauen gewachsen ist, das zum schrittweisen Aufgeben des Inkognitos führt.

Ebenso nutzen Adoptierte ihr Inkognito, solange sie nicht absehen können, was auf sie zukommt. Die Gefahr, ihre Adoptiveltern dadurch zu verlieren und keine tragfähige neue Beziehung zur leiblichen Mutter zu finden, ist bedrohlich und nicht kalkulierbar. Deshalb informieren Adoptierte ihre Adoptiveltern oft erst nach positivem Ablauf der Kontakte.

• Motivation zu Anfragen

Die Motivation zu Anfragen war sehr unterschiedlich. Bei den Adoptiveltern fiel auf, daß in 15 Fällen Beratung aufgesucht wurde, um das Adoptivkind bei Fragen zu seiner Vorgeschichte besser begleiten zu können. Hier hat ein Lernprozeß stattgefunden, daß bereits im Vorfeld möglicher Krisen Hilfe gesucht wurde. In 11 Fällen kamen Adoptiveltern mit starkem Leidensdruck, weil Verhaltensprobleme der Kinder die Familie ernsthaft belasten. Es kam zu Aggressionen der Adoptierten gegen die Adoptivmutter. Diese steht stellvertretend für die leibliche Mutter, die das Kind fortgegeben und es damit zutiefst gekränkt hat. Da sie in der Phantasie des Kindes die idealisierte, positive Mutter darstellt und als Agressionsobjekt nicht da ist, muß die Adoptivmutter büßen. Dadurch gerät das Adoptivkind in eine Zwickmühle. Es setzt die Beziehung zur Adoptivmutter aufs Spiel, obwohl es weiß, daß es sie nicht verlieren darf.

In anderen Fällen und um aus dieser Zwickmühle herauszukommen, richtet das Kind seine Aggression gegen sich selbst und gefährdet sich damit erheblich. Die Beratung und Kontakte zur leiblichen Mutter können beim Kind zur Beruhigung führen, so daß der Haß gegen die Adoptivmutter sich abschwächt. Die leibliche Mutter wird durch das nähere Kennenlernen entidealisiert. Nach der Konfrontation mit der Vorgeschichte werden oft wieder Kräfte frei, die im Beziehungs- und Leistungsverhalten neue, positive Akzente setzen können.

Viermal wurde zur Abklärung medizinischer Fragen um Beratung gebeten. Viermal gaben Beziehungsprobleme zum Partner den Anstoß, daß erwachsene Adoptierte anfragten. Zweimal gab es Unsicherheit in der Adoptivfamilie aufgrund von Arbeitslosigkeit, was bei einem Sechsjährigen zum intensiven Fragen nach der leiblichen Mutter führte. Viermal wollten Adoptierte Widersprüchlichkeiten aus Erzählungen der leiblichen Familie durch Information aus der Akte abklären.

Die Motive der leiblichen Mütter sind nach unserer Einschätzung Schuldgefühle, Nicht-Vergessen-Können, Sich-Sorgen, Neugierde, Sehnsucht, Einsamkeit und seelischer Schmerz. Nur eine Mutter kann nach Bedarf Telefonkontakt zur Adoptivmutter aufnehmen.

• Besondere Arten des Kontakts

Es gibt eine Adoptivmutter, die regelmäßig bereit ist, mit der leiblichen Mutter zu telefonieren und dieser mitzuteilen, wie es ihrem Kind geht. Drei leibliche Mütter kommen regelmäßig einmal im Jahr in die Adoptionsvermittlungsstelle und geben dort Geschenke, Briefe und Fotos für die Adoptivfamilie und ihr Kind ab und erhalten gleiches von der anderen Seite.

In drei Fällen wurde 1992 eine Adoptivfamilie von der Beraterin über den Tod der leiblichen Mutter informiert. Hier hatte es zuvor jahrelang Kontakte über Briefe und Fotos gegeben.

Weil in einem Fall das Adoptivkind sich weigerte, die leibliche Mutter kennen zu wollen, traf sich die Adoptivmutter mit der leiblichen Mutter und berichtete dieser über das Kind.

Fazit

Die Vielfalt und Häufigkeit von Kontakten ist erfreulich und eröffnet bei allen Problemen, die damit verbunden sind, Perspektiven, die noch viel häufiger genutzt und auch erweitert werden könnten. Die Arbeit im Alt-Adoptionsbereich ist ein wichtiges und notwendiges Korrektiv für die Art, wie und an wen wir heute Kinder vermitteln. Es wird von allen Seiten des Adoptionsvierecks viel verlangt, und jede Seite verdient die Akzeptanz des anderen. Trotz aller Widrigkeiten hängt alles davon ab, *wie* Adoptionen gestaltet und gelebt werden, und *wie* Identitätsfindung von der leiblichen und Adoptivfamilie sowie von Beratern unterstützt wird.

Selbsthilfegruppen
Adressen und kurze Charakterisierungen

Selbsthilfe-Gruppen Erwachsene Adoptierte

Die Hilfe bei der Suche nach den leiblichen Eltern steht im Mittelpunkt unserer Treffen. Das Selbstverständnis unserer Gruppe hat sich nach mehrjähriger Praxis aber auch erweitert zu einem integrativen Beratungskonzept für alle von diesem Problemkreis betroffenen Personen: Wir haben Kontakte zu leiblichen Müttern und Vätern und Großeltern, Adoptiv-Familien und Adoptiv-Bewerben, Jugendämtern, Menschen, die nach einem ihnen unbekannten Elternteil (aus Ein-Eltern-Familien) oder nach (Halb-)Geschwistern suchen; außerdem nimmt die Öffentlichkeitsarbeit zu, unter anderem Referententätigkeit, Beteiligung an Rundfunk- und Fernsehdiskussionen.

Berlin:	Hessen:
Wurzeln und Flügel	Wurzeln & Flügel
Adoptionsforum e. V.	Selbsthilfegruppe
c/o Anneliese Scholz	Erwachsener Adoptierter
Stubenrauchstr. 49	Postfach 10 50 25
12161 Berlin	69140 Heidelberg
Tel. 030/8 22 77 98	Tel. Susanne Domnick
	0 64 02/74 52

Schließlich ist doch allen damit geholfen, das Baby, das Kind hat nun Eltern und das Paar endlich auch ein »eigenes Kind«. Daß das nicht ganz so einfach ist, haben wir selbst als Adoptierte intensiv erlebt.

Um nun nicht mehr all die schmerzlichen Erfahrungen und Konsequenzen, die sich aus unserer Weggabe zur Adoption ergaben (zum Beispiel unendliche Geheimniskrämereien, große emotionale Belastungen in den Adoptivfamilien, Suche nach den leiblichen Eltern, Partnerschaftskonflikte etc.) allein auszuhalten und zu erleben, sondern sie mit ebenfalls Betroffenen zu teilen, haben wir uns zum Austausch und zur gegenseitigen Unterstützung zusammengefunden.

Des weiteren wollen wir im Rahmen von zunehmender Öffentlichkeitsarbeit »Licht ins Dunkle bringen«, d. h. die gesellschaftliche und politische Ignoranz und Tabuisierung hinsichtlich der bestehenden Adoptionsverfahren und unserer Rechte als Adoptierte aufdecken (z. B. Aufbewahrungsfristen der Adoptionsunterlagen. Verweigerung der Akteneinsicht gegenüber uns Adoptierten, Geburtsurkunden etc.).

Hamburg: LUX/Erwachsene Adoptierte
c/o Lucia Zekorn
Prätoriusweg 12/2
20255 Hamburg
Tel. 0 40/4 91 25 47

Bremen: Erwachsene Adoptierte treffen sich zum Austauschen, Informieren, Unterstützen, Schweigenbrechen.
Kontakt: Claudia Stapelfeldt
Carl-Fr.-Gauss-Str. 10
28357 Bremen
Tel. 04 21/25 32 52

Freiburg: Regula Giuliani
Erwinstr. 24
79102 Freiburg
Tel. 07 61/7 51 04

Pro Cognito

Wir sind Frauen, die ein Kind zur Adoption gegeben haben. Unser aller Lebensweg wurde durch die Adoption entscheidend geprägt. Wir wissen, wovon die Rede ist, wenn es um die »vergessene Seite« der Adoption geht.

Unser Anliegen ist es, mit Mädchen und Frauen ins Gespräch zu kommen, die sich während der Schwangerschaft mit dem Gedanken an eine Adoption tragen. Wir möchten unsere Erfahrungen weitergeben und vielleicht bei der Entscheidungsfindung hilfreich sein.

Ist eine Adoption erfolgt, ist es für betroffene Frauen von großer Bedeutung, über das Erlebte sprechen zu können. Wir alle haben, meist erst nach Jahren, die wohltuende Erfahrung durch unsere Gespräche untereinander machen können. Und darum wollen wir für Euch, die Ihr Euch in ähnlichen Lebenssituationen befindet, ganz einfach da sein. Ruft uns an!

Kontakt über: Sabine 0 41 02/24 13

Kontakt- und Informationsstelle für Selbsthilfegruppen (KISS)
Berner Heerweg 183
22159 Hamburg
Tel. 0 40/6 45 30 53

Gesprächsangebot für abgebende Mütter

Ich möchte gern Frauen kennenlernen, die, wie ich, ihr Kind zur Adoption gegeben haben, und für die der Umgang mit dieser Tatsache auch problematisch ist.

Vielleicht ist es ja möglich, im Gespräch mit gleichermaßen Betroffenen die Fragen zu stellen: Wie geht es mir damit? Warum wird die »abgebende« Mutter offen oder unterschwellig mit einem Vorwurf bedacht? Warum neigt sie zu Selbstzweifeln?

Kontakt über: Kontakt- und Informationsstelle
für Selbsthilfegruppen (KISS)
Gausstraße 21
22765 Hamburg
Tel. 0 40 / 39 57 67

Literaturhinweise

Bechinger, W. u. Gerber, U. (Hg.): Die vergessene Seite der Adoption – Beiträge zur Situation »Abgebende Mütter und Adoptiveltern«. Lahr 1993.

Bechinger, W. u. Wacker, B. (Hg.): Adoption und Schwangerschaftskonflikt: wider die einfachen Lösungen. Idstein 1994.

v. Beyme, M.: Von der Inkognito- zur offenen Adoption. In: Familiendynamik 4/1993.

Buchin, E.: Das Adoptiertsein im Erlebnis- und Erfahrungsbereich von Betroffenen (Gespräche mit erwachsenen Adoptierten). unveröffentlichte Diplomarbeit, o. J. (ca. 1987). Fachbereich Psychologie der Universität Hamburg.

Das Adpotionsdreieck. Eine Zeitschrift zu den Themen Adoption, Suche und Wiederfinden. Kontakt: Christine Swientek, Universität Hannover, Bismarckstr. 2, 30173 Hannover.

Ebertz, B.: Adoption als Identitätsproblem. Zur Bewältigung der Trennung von biologischer Herkunft und sozialer Zugehörigkeit. Freiburg 1987.

Erikson, Erik H.: Kindheit und Gesellschaft. Stuttgart 1971.

Erikson, Erik H.: Identität und Lebenszyklus. Frankfurt 1974.

Fröhling, U.: »Ich habe eine Tochter, und ich habe sie auch nicht«. Brigitte Nr. 24, 1990.

Fröhling, U.: Jetzt hat Swenja zwei Mütter. Brigitte Nr. 24, 1991.

Gemeinsame Zentrale Adoptionsstelle: Zur Situation und Perspektive abgebender Mütter. Hamburg. Manuskript-Druck, 1986.

Golomb, E. u. Geller, H. (Hg.): Adoption zwischen gesell-
schaftlicher Regelung und individuellen Erfahrungen.
Essen 1992.

Guderian, C.: Wo komm ich eigentlich her? Freiburg i. Br.
1994.

Handbuch für Pflege- und Adoptiveltern – ein Führer von
A – Z durch psychologische, pädagogische und rechtliche Fragen, hg. v. Bundesverband der Pflege- und Adoptiveltern e. V., 2. Aufl. 1988.

Harms, E. u. Strehlow, B. (Hg.): Das Traumkind in der
Realität. Psychoanalytische Beiträge zu den Problemen
von adoptierten Kindern und ihren Familien. Göttingen
1990.

Hoffmann-Riem, C.: Das adoptierte Kind. Familienleben
mit doppelter Elternschaft. München 1984.

Kirk, H. D.: Shared Fate. A theory of adoption and mental
health. New York 1964.

Lifton, B. J.: Zweimal geboren. Memoiren einer Adoptivtochter. Stuttgart 1981.

Lifton, B. J.: Adoption. Stuttgart 1982.

Napp-Peters, A.: Adoption. Das alleinstehende Kind und
seine Familien. Geschichte, Rechtsprobleme und Vermittlungspraxis. Neuwied/Darmstadt 1978.

Plogstedt, S.: Niemandstochter. Auf der Suche nach dem
Vater. München/Zürich 1991.

Sailer, M.: Wenn Kinder zur Adoption gegeben werden.
Bilanz einer »Rabenmutter«. taz vom 28.08.1985.

Schärer, R. (Hg.): Adoptiert. Lebensgeschichten auf der
Suche nach dem Anfang. München 1994.

Schlagheck, M. (Hg.): Wenn der Kinderwunsch unerfüllt
bleibt. Wege der Bewältigung. Würzburg 1989.

Sorosky, A. D.; Baran, A. u. Pannor, R.: Adoption. Zueinander kommen – miteinander leben. Eltern und Kinder
erzählen. Reinbek 1982.

Swientek, C.: Ich habe mein Kind fortgegeben. Die dunkle
Seite der Adoption. Reinbek 1982.

Swientek, C.: Die »Abgebende Mutter« im Adoptionsverfahren. Bielefeld 1986.

Swientek, C.: Was Adoptivkinder wissen sollten und wie
man es ihnen sagen kann. Freiburg i. Br. 1993.

Swientek, C.: Wer sagt mir, wessen Kind ich bin? Von der
Adoption Betroffene auf der Suche. Freiburg i. Br. 1993.

Toynbee, P.: Adoptivkinder suchen ihre Mutter. Frankfurt/
M. 1989.

Ulmer-Otto, S.: Die leere Wiege. Unfruchtbarkeit und ihre
seelische Verarbeitung. Zürich 1989.

Wacker, B. (Hg.): Adoptionen aus dem Ausland. Erfahrungen, Probleme, Perspektiven. Reinbek 1994.

Welsh, R.: Einfach dazugehören oder du bist angenommen.
Reinbek 1987.

Wiemann, I.: Pflege- und Adoptivkinder. Familienbeispie-
le, Informationen, Konfliktlösungen. Reinbek 1991.

Wiemann, I.: Ratgeber Adoptivkinder. Reinbek 1994.

Winkler, U.: Der unerfüllte Kinderwunsch. Ein Ratgeber
für kinderlose Paare. München 1994.

Video-Film: »Liebe Mutter ... unter 1000 Gesichtern«, an-
schl. Diskussion zum Film. SFW, 1990.

Die Autorinnen

Bartsch, Marion,
geb. 1946, Dipl.-Psych., tätig in der Adoptionsvermittlungsstelle Hamburg.

Borowitz, Petra,
geb. 1961, Mitglied der Selbsthilfegruppe LUX in Hamburg.

Bott, Regula,
geb. 1945, Dipl.-Psych., tätig bei der Gemeinsamen Zentralen Adoptionsstelle (GZA), Hamburg.

Domnick, Susanne,
geb. 1959, Pfarrerin, zur Zeit im Schuldienst.

Giuliani, Regula,
geb. 1952, Hausfrau und Mutter, abgeschlossenes Philoso-
phie-Studium, freiberuflich in verschiedenen Bereichen tätig.

Grimm, Gunhild,
geb. 1949, Dipl.-Psych., tätig in der Adoptionsvermittlungsstelle Hamburg. Lehrerin und Mutter.

J., Barbara,
geb. 1945.

Frau S.,
geb. 1945, zur Zeit als Krankenschwester tätig, Mitglied
der Selbsthilfegruppe PRO COGNITO in Hamburg.

Scholz, Annelie,
geb. 1949, Dipl.-Psych., Psychotherapeutin in eigener Praxis, Initiatorin der Selbsthilfegruppe »Wurzeln und Flügel«
in Berlin.

Thomsen, Cornelia Sabine,
geb. 1956, Rechtsanwältin, Schwerpunkt Familien- und Erb-
recht, Mediation.

Zekorn, Lucia,
geb. 1960, Dr. med., Schwerpunkt Psychosomatik, Initiatorin der Selbsthilfegruppe LUX in Hamburg.

Kinder sind unser Thema –
Vandenhoeck & Ruprecht

Raymond Battegay / Udo Rauchfleisch
Das Kind in seiner Welt

Ein Kind wird völlig hilfsbedürftig in die Welt geboren. Ist ihm einmal das Leben geschenkt, müssen Erwachsene es am Leben erhalten. Sie tun das, ob sie wollen oder nicht, nach den Gesetzmäßigkeiten der Erwachsenenwelt. Und die verlangt von dem Kind vornehmlich, daß es sich einpaßt. Es kann dafür die Welt gewinnen, durch Kommunikation, Erfahrung, durch Förderung. Was aus dem Kind wird, entscheiden maßgeblich die Erwachsenen.

Namhafte Autoren aus unterschiedlichen Fachgebieten haben in diesem Buch das Wissen zusammengetragen über die Chancen und Gefährdungen, die in der kindlichen Entwicklung liegen.

Israel Orbach
Kinder, die nicht leben wollen

Häufiger noch als bislang angenommen, versuchen Kinder, ihr Leben zu beenden. Es handelt sich dabei nur in seltenen Fällen um unvorhersehbare Unglücksfälle oder spontane Reaktionen auf ein bedrückendes Erlebnis. Die Kinder wissen vielmehr genau, was sie nicht mehr ertragen können; sie suchen den Tod, *weil* sie wissen, was er bedeutet. Die Tat ist der katastrophale Endpunkt eines langen Prozesses, der früh in der Familie angelegt ist und die Kinder in ein unlösbares Dilemma bringt.

Israel Orbach zeigt auf der Grundlage breiter klinischer Erfahrungen die typischen Entwicklungswege hin zum Kinderselbstmord, er nennt die Anzeichen der Gefährdung und führt genaue therapeutische Konzepte aus, wie den Kindern aus ihrer tödlichen Ausweglosigkeit geholfen werden kann.

Jörg Wiesse / Erhard Olbrich (Hg.)
Ein Ast bei Nacht kein Ast
Seelische Folgen der Menschenvernichtung für Kinder und
Kindeskinder

Die Erfahrung von Verfolgung und Vernichtung hat nicht nur die
Verfolgten traumatisiert und für ihr Leben beschädigt. Ihre Kinder
und selbst noch die Enkel sind in Familien aufgewachsen, für die
unbelastetes Leben nicht möglich war. Die somatischen, psychosomatischen und psychischen Symptome jener, die mit knapper
Not der Vernichtung entkommen waren, bildeten die Welt, in der
ihre Nachkommen aufgewachsen sind. Alle Entwicklungsschritte
sind davon überschattet, nichts ist mehr normal.
Für die große, unerhörte Verstörung haben wir noch keine andere
Sprache gefunden als die individuelle Störung.

Louis M. Tas / Jörg Wiesse (Hg.)
Ererbte Traumata

Auf die psychischen Traumata der Naziverfolgten wurde man in
Deutschland erst spät aufmerksam. Das hat vielfältige Gründe,
einige davon sind aufs neue beschämend. Immerhin wird seit
wenigen Jahren darüber geforscht, und es gibt auch einige Fach-
veröffentlichungen dazu.

In diesem Band schreiben Autoren, die das Leid nicht nur als
Therapeuten kennen, sondern auch aus ihrem eigenen Erleben
berichten können über die fortwährende Traumatisierung: *Andries
van Dantzig* (Amsterdam), *Nathan Durst* (Herzlay), *Hans Keilson*
(Bussum, Niederlande), *Ilany Kogan* (Jerusalem), *Rafael Moses*
(Jerusalem), *Judith S. Kestenberg* (New York), *Louis M. Tas* (Amsterdam).

Günther Bittner
Problemkinder
Zur Psychoanalyse kindlicher und jugendlicher
Verhaltensauffälligkeiten

Problemkinder werden so genannt, weil sie ihren Eltern, Erziehern und Lehrern Kopfzerbrechen, Sorgen und Enttäuschungen bereiten. Daß ihre Verhaltensweisen Ausdruck von problematischen Lebenslagen und Lebensläufen sind, gehört zu den Grundüberzeugungen einer aufgeklärten Pädagogik und der analytischen Kinder- und Jugendlichenpsychotherapie. Die tiefenpsychologischen Zusammenhänge von Eindrücken, Verarbeitungsprozessen und der Herausbildung einer neurotischen Charakterstruktur werden in diesem Buch auf dem derzeitigen Stand der Erkenntnisse systematisch ausgebreitet.

Manfred L. Söldner
Depression aus der Kindheit
Familiäre Umwelt und die Entwicklung der depressiven
Persönlichkeit

Depressionen sind die häufigsten psychischen Beschwerden. Die Kindheitserlebnisse können, wenn sie von bestimmten Verhaltensmustern der Eltern geprägt sind, entscheidend dazu beitragen, ob ein Mensch anfällig wird für depressives Erleiden, einen depressiven Lebensstil entwickelt und schließlich an akuter Depression erkranken wird.

Söldner hat die Faktoren in der Eltern-Kind-Beziehung empirisch erkundet, welche die Entwicklung einer depressiven Persönlichkeit bewirken und fördern. Seine Folgerungen sind bedeutsam für die Erziehung, um gezielt vorbeugen zu können, aber auch für die Therapie bei bereits entwickelten depressiven Persönlichkeitszügen.

VANDENHOECK TRANSPARENT

Band 1:
Reinhard Deichgräber
Trost der Nacht
Gedanken zu Schlaf und Schlaf-
losigkeit. 1993. 123 Seiten, kart.
ISBN 3-525-01801-0
Originalausgabe

Band 2: Harry Stroeken
**Kleine Psychologie
des Gesprächs**
Ein praktischer Ratgeber.
Aus dem Niederländischen
von Dieter Maenner. 1993.
110 Seiten, kart.
ISBN 3-525-01702-2
Deutsche Erstausgabe

Band 3: Kurt Lückel
**Geschichten erzählen
vom Leben**
Hinterfragte Lebensmuster.
1993. 127 Seiten, kart.
ISBN 3-525-01800-2
Originalausgabe

Band 4:
Wulf-Volker Lindner
**Predigten eines
Psychoanalytikers**
1993. 127 Seiten, kart.
ISBN 3-525-01701-4
Originalausgabe

Band 5: Karl König
**Wem kann
Psychotherapie helfen?**
1993. 127 Seiten, kart.
ISBN 3-525-01700-6
Originalausgabe

Band 6: Michael Nüchtern
Was heilen kann
Therapeutische Einsichten aus
biblischen Geschichten. 1994.
122 Seiten, kart.
ISBN 3-525-01800-2
Originalausgabe

Band 7: Glenn T. Koppel
**Wochenendlektüre: Basis-
wissen Psychotherapie**
1994. 124 Seiten, kart.
ISBN 3-525-01703-0
Originalausgabe

Band 8: Karl König
**Reisen eines
Psychoanalytikers**
1994. 116 Seiten, kart.
ISBN 3-525-01704-9
Originalausgabe

Band 9:
Elke Natorp-Husmann
**Briefe einer
Psychoanalytikerin**
1994. 128 Seiten, kart.
ISBN 3-525-01705-7
Originalausgabe

Band 10: Konrad Jutzler
Aussicht auf Leben
Christliche Psalmen. 1994.
128 Seiten, kart.
ISBN 3-525-01803-7
Originalausgabe

V&R
Vandenhoeck
& Ruprecht

V&R
Vandenhoeck
& Ruprecht